브랜드
레이징

비영리단체의
브랜드마케팅 노하우
A to Z

나남
nanam

옮긴이_박여진

한국에서 독일어를 전공하고 호주에서 비즈니스를 공부했다.
기업경영컨설팅 회사를 운영하며 CEO직을 맡았고, 이후 영어 관련 일을 하다가
영미 문학에 이끌려 문학책을 기획번역 하면서 번역가가 되었다.
현재 전문번역가로 활동하면서 번역가 모임인 '번역인' 공동대표를 맡고 있다.
옮긴 책으로는 《내가 알고 있는 걸 당신도 알게 된다면》(토네이도), 《정의로운 교육이
란 무엇인가?》(이매진), 《작가가 사랑한 작가》(다음생각) 등이 있다.

아름다운재단 기부문화총서 7

브랜드레이징

비영리단체의 브랜드마케팅 노하우 A to Z

2013년 4월 25일 발행
2013년 9월 15일 2쇄
2016년 6월 15일 3쇄

지은이 • 사라 더럼
옮긴이 • 박여진
발행자 • 趙相浩
발행처 • (주) 나남
주소 • 10881 경기도 파주시 회동길 193
전화 • (031) 955-4601(代)
FAX • (031) 955-4555
등록 • 제 1-71호(1979.5.12)
홈페이지 • http://www.nanam.net
전자우편 • post@nanam.net

ISBN 978-89-300-8684-4
ISBN 978-89-300-8655-4(세트)

책값은 뒤표지에 있습니다.

아름다운재단 기부문화총서 7

브랜드 레이징

비영리단체의
브랜드마케팅 노하우
A to Z

사라 더럼 지음

박여진 옮김

Brandraising

How Nonprofits Raise Visibility and Money through Smart Communications

by Sarah Durham

This Korean edition was published by THE BEAUTIFUL FOUNDATION in 2013 by arrangement with John Wiley & Sons International Rights, Inc. through KCC(Korea Copyright Center Inc.), Seoul.

비전과 사명은 비영리단체의 출발점이자 골인점이다. 하지만 비전과 사
명이 아무리 숭고한 가치를 지닌다 하더라도 이를 바로 알리지 못하거나
활동을 위한 물적 자원을 확보하지 못하면 아무런 의미가 없다. 모든 이
해관계자들과 적극적인 소통을 통해 필요한 인적·물적 자원을 확보하
고, 이를 바탕으로 단체를 효율적으로 운영할 때 비로소 비전과 사명은
확실한 의미를 나타내게 된다. 그러한 의미에서 비영리단체에게 있어 모
금은 생명선과도 같다.

《브랜드레이징》은 오늘 우리나라 비영리단체들이 간과하기 쉬운 비전
과 사명 중심의 경영, 그리고 그것을 브랜드화하여 소통함으로써 단체를
효과적으로 알리고, 나아가 모금을 확대할 수 있다는 사실을 이론과 새
로운 사례를 통해 확실하게 보여준다. 비영리단체의 지도자나 실무자,
연구자만이 아니라 이 분야에 관심을 가진 모든 사람에게 새로운 시각을
제시할 수 있는 매우 중요한 책이라 할 수 있다.

김운호 경희대학교 대외협력처장/NGO대학원 교수

2012년 한 일간지의 기사입니다.

〈조선일보〉 '더 나은 미래'가 플랜엠과 리서치앤리서치에 의뢰, 만 19세 이상 성인남녀 1천 명을 대상으로 실시한 '국내 NPO 명성조사' 결과, 비영리민간단체 중 대표적인 기관을 잘 모르겠다는 응답이 53.6%로 나타났다. "국내에 대표적인 NPO가 없다"고 답한 이들도 7.2%를 차지했다. 반수 이상(60.8%)이 국내 NPO 활동을 모르거나 부정적인 견해를 보인 것이다. … (중략) "국내 비영리민간단체 중 가장 잘 떠오르는 단체는 어디인지, 대표적 NPO 세 곳을 꼽아달라"는 질문에 대해 일반인들은 유니세프(19.8%), 아름다운재단(13.3%), 월드비전(3.2%), 대한적십자사(2.7%)의 순으로 꼽았다. 그러나 3순위 이후로는 응답률이 5% 미만으로 나타나 낮은 인지도를 기록했다. 특히 유니세프와 아름다운재단의 인지도는 3순위부터 10순위까지 8개 기관 인지도를 모두 합한 13.7%보다도 각각 많거나 비슷한 수치로 타 기관과 격차가 크게 벌어졌다.

"[더 나은 미래] 성인 1,000명 대상으로 '국내 비영리단체 명성조사' 실시",
〈조선일보〉 2012. 05. 22.

아름다운재단 기부문화연구소에서 진행한 '기빙코리아 2012'에 의하면 기부자의 27.4%가 대중매체, 24.8%가 시설의 직접홍보, 그리고 10.9%가 가족이나 지인에 의해 기부처를 알게 되었다고 응답했습니다. 그러나 대다수의 비영리단체들은 일간지나 공중파 TV에 광고를 싣기 어렵습니다. 때문에 많은 단체들이 온라인 홍보에 큰 관심을 두고 있습니다.

인지도와 홍보는 비영리단체의 성과와 직결되는 문제입니다. 사회적인 주장을 발표하여 영향력을 행사하거나 자원봉사조직, 기부금품을 모집하기 위해서는 사람들에게 낯설지 않고 신뢰감을 줄 수 있어야 합니다. 이를 위해 비영리단체들은 단체 내부에서만 익숙한 용어를 쉬운 말로 풀어쓰거나, 단체를 상징하는 로고 이미지를 만드는 일부터 시작했습니다. 돈을 들여 단체 소개 브로슈어도 인쇄하고, 사업명도 이동통신사 광고처럼 멋지게 지어내려고 노력하고 있습니다(패러디하게 되는 경우도 많지만). 많은 단체들이 온라인 홍보를 위해 트위터와 페이스북도 열심히 운영합니다.

아름다운재단도 꾸준히 비영리단체 홍보를 지원해왔습니다. 2006년부터 전문 디자이너들과 연계하여 단체 로고와 브로슈어 제작을 지원했고, 2009년에는 비영리단체 커뮤니케이션 컨설팅과 교육, 2011년과 2012년에는 온라인 커뮤니케이션에 중점을 둔 컨설팅과 교육을 진행해왔습니다. 2010년 발간된 기부문화총서 5권 《로빈후드 마케팅》을 통해서 비영리단체도 영리 분야의 마케팅, 홍보 노하우를 활용할 수 있다는 발상의 전환을 제시하기도 하였습니다.

그런데, 교육을 받은 많은 단체들이 이러한 노력이 성과로 이어지지 않는다는 어려움을 전해왔습니다. 노력은 많이 하는데 이렇게 해서 언제 "애플이나 아이폰, 아니 올레 케이티 같은 브랜드를 만들 수 있겠나?"는 것입니다. 이에 대해 많은 커뮤니케이션 전문가들이 비영리와 영리단체에게 커뮤니케이션의 원리는 같다고 하면서도 "자원이 없는 비영리단체가 한 달에 몇억 원씩 홍보비를 쓰는 대기업과 같을 수는 없다. 단기간에 비싼 매체를 활용할 수 없다면, 시간을 내 것으로 만들어라. 일관된 메시지로 오랜 시간 소통하면 그것이 진정성 있는 브랜드가 될 것이다"라는 조언을 주었습니다.

아름다운재단 기부문화총서 7권으로 Brandraising을 번역한 것은 이 책이 바로 그 '일관된 메시지를 통한 브랜드 형성' 방법을 잘 설명하고 있기 때문입니다. 이 책은 비영리단체의 미션문에서부터 행사장에서 만난 사람에게 단체를 소개하는 말까지 모든 방식의 커뮤니케이션이 일관성을 가져야 한다고 말합니다. 그리고 그 일관성을 조직적으로 구현할 수 있는 실질적 노하우를 제공하고 있습니다.

이 책은 홍보에 대해서 그간 많은 공부를 해오신 분이나, 이런 분야를 처음 접하는 분 모두에게 체계적인 원리부터 실제 적용하는 방법까지를 잘 설명하는 책입니다. 규모가 작은 단체는 책에서 제시된 과정을 모두 수행하지 않을 수도 있습니다. 한번 통독하시면서 그 원리를 이해하고, 우리 단체에 적용할 수 있는 수준의 업무 프로세스를 계획할 수 있을 것입니다.

이 책을 시작으로 비영리단체의 효과적인 브랜드 사례가 만들어지고, 그 경험을 다시 나눌 수 있기를 소망합니다.

2013년 3월
아름다운재단 기부문화도서관

아름다운재단 기부문화총서 7

브랜드
레이징

비영리단체의
브랜드마케팅 노하우

A to Z

차 례

11

제1장

브랜드레이징

2008년 가을, 미국 금융시장 붕괴가 절정에 달했을 때 나는 비영리단체 경영을 위한 후원센터에서 주관하는 "기금조성자들을 만나다"라는 행사의 패널회의를 진행하였다. 오전 내내 대기업 재단의 몇몇 임원들 사이에서는 재단의 기금이 대폭 줄어드는 바람에 비영리재단에게 줄 지원금과 기금이 줄어들었다는 이야기가 오갔다. 기금조성자들은 지원금 경쟁이 그 어느 때보다 치열하다고 강조했다. 지원금을 신청하는 단체들은 명확한 커뮤니케이션, 다른 단체와는 구별되는 조직의 가치를 보여주어 차별화를 해야 할 것이라고 했다. 오후가 되어서 브랜딩에 관한 패널토론이 시작되자 모든 사람의 머릿속에 단 하나의 큰 질문만 맴돌고 있는 것 같았다. "제한된 인원과 예산, 부족한 커뮤니케이션 경험으로 어떻게 우리의 가치와 독창성을 보여줄 수 있을까?"

현실을 직시해보면, 비영리단체들은 마케팅 분야에 뒤늦게 진입했다. 1994년, 내가 비영리단체 일을 시작했을 때만 해도 브랜딩, 마케팅, 메시징 같은 단어들은 오해를 받거나, 무시되거나, 입에 올려서는 안 되는 단어로 취급받기 일쑤였다. 마케팅이라는 용어가 판매와 연관되는 경우가 많다보니 비영리단체가 이익(기부자나 수혜자 등에게 돌려주는)을 남겨야 한다는 개념 자체가 낯설었던 것인지도 모른다.

비영리단체에서 모금 부서는 매우 막강한 부서이지만, 단체의 프로그램이나 애드보커시 활동부서와 별개로 일하는 경우가 많다. 비영리단체 부서들은 다른 부서와 협동하거나 조정하지 않는 경우가 많다. 그 결과 웹사이트 내용이나 브로슈어, 심지어 로비에 있는 단체의 간판과도 관련이 없는 우편물을 발송하는 일 등도 더러 생긴다.

영리를 추구하는 일반기업들은 마케팅에 매우 높은 가치를 둔다. 어느 신생기업이든 예산을 짤 때에는 예산 목록에 브랜드와 관련한 예산을 편성하며, 커뮤니케이션을 집중적으로 할 직원들(보통은 마케팅이라는 명목으로)을 가장 먼저 고용한다. 이와는 대조적으로 신생 비영리단체에서 커뮤니케이션에 예산을 편성하거나 전담직원을 고용하는 경우는 매우 드물다. 대부분 단체들이 모든 자원들을 단체 프로그램에 착수하는 데 투자하고 커뮤니케이션은 그때그때 상황에 따라 느긋하게 개발하는 경우가 많다. 신생 비영리단체의 직원들은 각종 잡무와 격무를 보면서 한편으로는 업무와 상관없는 후원금 모금, 참가자 모집, 다른 곳과 관계 맺기 등의 업무를 수행한다.

하지만 지난 몇 년간 큰 단체건 작은 단체건 브랜드와 마케팅을 통해 기부자, 수혜자, 기타 사람들과 어떻게 가치 있는 관계를 구축하는 지에 관한 많은 사례들을 접하면서 비영리단체의 담론도 변화하고 있다. 큰 규모의 비영리단체들은(보통 연간 예산이 5백만 달러 이상인 경우) 커뮤니케이션 분야를 독립된 분야로 보고 투자를 하며 모금전문가는 자신이 마케팅 담당자라는 인식을 기꺼이 받아들인다. 요즘은 브랜딩이라는 용어까지도 널리 이용되는 추세이다.

경기가 좋건 나쁘건, 모금 경쟁이 치열하건 그렇지 않건, 모금액이 크건 작건 비영리단체에서는 매일 커뮤니케이션을 한다. 직원들은 어마어마하게 많은 이메일을 보내고, 행사를 개최하고, 웹사이트를 업데이트하고, 기부자에게 기부를 요청하고, 트위터(Twitter)를 하고, 소식지를 발간하며 다양한 커뮤니케이션 활동을 한다. 하지만 집중적이지 않거나 협동 업무가 제대로 이루어지지 않는 경우가 대부분이다. 적절한 시간, 훈련, 예산, 후원 등도 없이 커뮤니케이션 업무를 하는 경우도 허다하다. 대다수의 비영리단체는 커뮤니케이션 전략, 의사결정, 실행 등을 위한 명확한 틀을 가지고 있지 않기 때문에 대부분의 노력이 헛수고로 돌아간다는 사실을 인지하지 못하고 두서없이 일을 한다. 예를 들어 전략적 계획을 한창 수립하는 중간에 웹사이트를 다시 만든다든지 하는 식으로 말이다. 이는 건물의 벽을 세우기도 전에 창문을 만들려는 것과 같다.

제2장 "효과적인 커뮤니케이션의 원칙들"에서는 커뮤니케이션의 가치를 더욱 자세히 살펴보고 오늘날 비영리단체를 특히 어렵게 만드는 장애물들에 관해 살펴보도록 하겠다.

브랜드레이징의 의미

목장주는 자신의 가축을 다른 목장의 가축과 구분하기 위해 고유의 목장 상징을 가축에 새겨서 브랜드화를 했다. 아직도 '브랜드'(brand)라는 단어를 상징 혹은 로고와 연관 짓는 사람들이 많다. 브랜드에 색상, 메시지, 조직을 특징짓는 다른 요소들이 포함된다고 생각하는 이들도 있다. 브랜드를 상징이나 로고와 연관 짓는 것은 가치 있는 일이긴 하지만, 이 조합에는 모든 단체들의 궁극적인 핵심이라 할 수 있는 단체의 미션, 비전 혹은 그 성과와의 연관성이 결여되어 있다.

대부분 비영리단체에서 커뮤니케이션을 하는 가장 주된 이유는 모금을 하고 단체의 인지도를 높이기 위해서이다. 브랜드레이징은 단체의 명확하고 응집력 있는 정체성뿐 아니라 목표를 지지하고 미션을 효과적이고 일관적으로 표현할 수 있도록 해주는 커뮤니케이션 체제를 발전시키는 과정이다.

수백 년 전에는 공동체들이 모여서 함께 일하고 수확물을 창고에 공동으로 저장했다. 이러한 체제는 농경사회에서 가장 핵심적인 구조였을 것이다. 잘 편성된 공동체에서는 모든 구성원들이 계획, 감독, 건축, 저장 등의 업무를 분담했다. 수확물의 저장이 끝나면 농장 가축이나 연장, 공급품 등을 보관하는 또 다른 관련시설을 지었다.

브랜드레이징도 마찬가지이다. 이사회, 직원, 자원봉사자, 프로그램 운영자, 기부자나 후원자 등 모든 사람들이 연관되어 있다. 모든 사람들에게 효과적인 커뮤니케이션을 개발하는 데 있어 맡은바 역할이 있다.

'브랜드레이징'이라는 용어는 이 책에서 커뮤니케이션을 위한 탄탄한 틀을 짓는 과정을 설명하는 데 이용된다. 제3장 "브랜드레이징의 개요"를 시작하면서 브랜드레이징과 관련된 요소들, 그리고 각 요소와 브랜드레이징의 연관성을 다룬다. 그리고 제4장에서는 더 세부적인 사항들을 규정하고 살펴본다.

만약 여러분이 비영리단체에서 일하는 사람이라면, 그리고 커뮤니케이션 관련 경험이 거의 또는 전혀 없는 사람이라면 이 책이 브랜딩과 업무 관련 커뮤니케이션을 효과적으로 하는 데 분명 도움이 될 것이다. 또한 여러분이 비영리단체 경험이 풍부한 전문가이고 소셜 미디어나 커뮤니케이션에서 벌어지는 예기치 않은 변화에 대응하기 위해 노력하는 사람이라면 이 책은 현 상태를 유지하는 데 도움을 줄 것이다.

커뮤니케이션의 가치 측정

물건을 판매하는 비즈니스 세계에서는 이윤으로 투자수익률(ROI)을 측정한다.

하지만 비영리단체에서 커뮤니케이션의 영향은 단체의 미션을 뒷받침하고 발전시키는 능력의 관점에서 측정된다.

- 모금 측면의 성과. 검토용 질문: 커뮤니케이션에 대한 투자는 우리 단체에 재정 지원을 하는 개인과 재단, 단체, 정부기관 등과 성공적으로 관계를 구축하는 데 도움이 되었는가? 기부금 증가나 새로운 기부자 유치로 이어졌는가? 모금 측면의 성과는 경제적 침체기에 특히 중요하다.
- 프로그램 측면의 성과. 검토용 질문: 커뮤니케이션에 대한 투자는 프로그램에 맞는 사람들을 만나고 그들의 참여를 이끌어내는 데 도움이 되었으며 우리의 목표와 미션을 성취하는 데 실제로 효과가 있었는가?
- 애드보커시 측면의 성과. 검토용 질문: 커뮤니케이션에 대한 투자는 효과적으로 법을 제정하고, 문제에 대한 인식을 변화시키고, 우리 단체를 해당 분야에서 대단히 믿음직한 선두주자로서 자리매김하도록 만드는 데 도움이 되었는가?

대부분 비영리단체들이 커뮤니케이션을 하는 이유는 다음과 같다.

- 돈을 모으기 위해서(모금)
- 단체의 프로그램에 맞는 참여대상을 만나기 위해서(이를 현장활동이라고 부르기도 한다)
- 핵심 문제에서 리더십 위치를 확보하기 위해서(애드보커시)

단체에서 커뮤니케이션 업무를 하다 보면 모금대상과 프로그램 참여

자, 애드보커시 파트너들 사이에 중복되는 부분이 상당히 발생하기도
한다(그림 1-1).

예를 들어 교향악단 기부자들이 교향악단에서 진행하는 프로그램에
도 가입되어 있을 수 있고, 그 지역에서 교향악단의 명성을 드높이는
데 도움을 주는 조직의 리더가 될 수도 있다. 반대로, 어떤 단체들은
각각의 대상자들 간에 전혀 이해관계가 없고 거의 중복되지도 않는 경
우도 있다. 예를 들어 지원금을 재단에 의존하는 단체가 프로그램은
노숙자들과 함께 하고, 수혜자의 이익을 위한 적정가격 주택 같은 이
슈에 대한 로비는 정치인에게 하는 경우도 있다.

영리기업의 거래는 단순하다. 구매자가 제품이나 서비스를 구매하

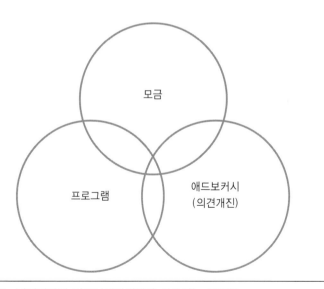

그림 1-1 비영리단체 커뮤니케이션에서 공유되는 목표들

고 비용을 지불하면 된다. 고객을 만족시키면 이윤도 발생한다. 하지만 비영리단체의 경우는 전혀 다르다. 아주 성공적인 프로그램이라해도 지원금이 고갈되면 중단해야 한다.

커뮤니케이션의 진정한 가치는 창출한 소득과, 정해진 목표를 성취하는 프로그램, 기타 명백한 결과로 측정한다. 브랜딩이 만병통치약은 아니다. 비영리단체가 비효율적으로 운영된다든지, 부패한다든지, 나아갈 길을 잃어버린다면 제아무리 훌륭한 커뮤니케이션도 단체의 붕괴를 지연시키는 역할만 할 뿐, 붕괴 자체를 막지는 못한다. 하지만 내 경험에 비추어보면 대부분의 단체들은 좋은 일을 하기 위해 몸을 아끼지 않고 대단히 열심히 일하는 사람들로 가득하다. 다음 장에서 다룰 효과적인 커뮤니케이션 원칙들과 브랜딩 전략은 그러한 조직의 효율성을 극대화해줄 것이다.

요약

영리를 추구하는 기업들과는 달리 비영리단체들은 매년 마케팅이나 커뮤니케이션에 자원을 할당하지 않는 것이 보통이다. 커뮤니케이션에 필요한 직원이나 예산 없이 몇 년씩 운영되는 경우가 허다한데 이는 단체에 위협이 될 수도 있다.

비영리조직에서 마케팅, 브랜딩, 커뮤니케이션의 가치를 인정하는 리더들이 늘고 있다.

브랜딩은 조직의 미션을 뒷받침하는 명확하고 응집력 있는 조직의 정체성과 커뮤니케이션 체제를 개발하는 과정이다.

비영리단체가 커뮤니케이션을 하는 경우는 보통 3가지 목적 때문이다. 기금을 모으기 위해, 프로그램을 실행할 사람들을 모으기 위해 (현장활동), 핵심 문제에 대한 의견개진을 위해(입법의원, 매체, 공동체 등).

효과적인
커뮤니케이션의
원칙들

예전부터 영리기업들은 마케팅과 커뮤니케이션을 최우선 일상업무로 삼으며, 비영리단체보다 훨씬 성공적이고 효과적으로 커뮤니케이션을 하고 있다. 그 이유는 무엇일까?

신생 비영리단체들은 영리기업들처럼 시작단계부터 커뮤니케이션, 예산, 직원, 기반 시설 및 조직 등을 구축하기가 매우 어렵다는 사실을 깨닫게 된다. 본질적으로 비영리단체가 더 복잡하고, 리더들도 많고, 소통대상도 여러 종류이고, 소득을 창출하는 방식도 훨씬 복잡한 구조이기 때문인지도 모른다. 그렇게 보면 신생 비영리단체가 미션과 프로그램에 집중하면서 제대로 정착한다는 것 자체가 무리일 수도 있다. 2008년, 빅 덕(Big Duck, 내가 운영하는 커뮤니케이션 회사로 오직 비영리단체와만 일한다)에서는 비영리단체들을 상대로 커뮤니케이션을 어렵게 만드는 요소가 무엇인지 파악하기 위해 비공식적 온라인 여론 조사를 실시했다. 효과적인 커뮤니케이션을 가로막는 장벽이라는 주제로 진행된 조사결과 커뮤니케이션의 가장 큰 걸림돌은 3가지로 압축되었다.

- 올바른 커뮤니케이션 전략을 세우거나 이용할 충분한 시간이 없다. (27.8%)
- 원하는 대로 커뮤니케이션을 할 수 있는 충분한 예산이 없다. (21.7%)
- 조직 내에 커뮤니케이션 전문가가 없다. (9.1%)

빅 덕에서 일하며 여러 비영리단체들을 보아왔던 터라 시간도 없고, 예산도 부족하고, 커뮤니케이션 전문가도 없는 비영리단체의 실태는 그다지 놀랍지 않았다. 사실 어느 정도는 예상했던 문제였다. 하지만 더 깊이 파고들수록 흥미로운 장애물들 몇 가지가 눈에 들어왔다. 비영리단체에서 겪는 대부분의 어려움들은 효율적인 커뮤니케이션의 기본원칙에 대한 근본적인 이해가 없어서 생긴 것이었다. 그래서 본격적으로 3장으로 들어가기 전에 이 장에서는 효율적인 커뮤니케이션 원칙들을 살펴보고 비영리단체들이 이러한 원칙들을 적용하지 못하도록 하는 장애물들은 무엇인지를 살펴보도록 하겠다.

장기적인 관점으로 보기

약 3,300킬로미터에 달하는 애팔래치아의 자연 산책로는 미국에서 가장 긴 산책로이다. 이 길은 남부의 조지아 주에서 시작해 14개 주를 가로질러 북부의 메인 주까지 이어진다. 연간 1,000여 명의 사람들이 도보여행을 하기 위해 이 길을 찾는다. 대부분의 사람들은 남부에서 북부로 여행을 하는데, 보통 3~4월 초에 여행을 시작해 산책로가 끝나는 지점인 북부지역에 도착해 여정을 끝내면 거의 10월 중순이 된다. 이 도보여행을 성공하는 사람은 연간 300명 미만이다.

물이며 각종 짐을 나르기가 워낙 무겁고 힘들다보니 미리 얼마나 필요한지 계획을 세워 필요한 만큼만 가져가야 한다. 또한 계획을 세울 때는 가장 운반하기 쉽고 조리가 간편한 음식은 무엇인지, 소화가 잘되는 음식은 무엇인지 등도 알고 있어야 한다. 언뜻 보면 직장생활에서 벗어나 6개월 동안 도보여행과 캠핑을 한다는 것이 근사하게 보일 수도 있다. 하지만 이 도보여행을 무사히 마치려면 충분히 준비를 해야 한다. 걷고, 무거운 짐을 나르고, 가진 것을 꼼꼼히 계획해서 분배하려면 무엇보다도 몸 상태가 아주 좋아야 한다. 어떤 여행자들은 가족에게 일정에 맞춰 짐을 부쳐달라고 부탁해서 여행지 부근 우체국에서 짐을 받기도 한다.

커뮤니케이션 운영, 실제로는 조직의 운영도 장기 도보여행과 비슷하다. 처음에는 창시자의 열정과 애정만으로 모든 것을 할 수 있다고 생각한다. 단체를 창시한 사람 혼자 많은 일들을 감당하는 경우도 흔하다. 하지만 이러한 태도는 마치 산을 혼자 옮기겠다는 것과 같다. 혼자 많은 일을 감당하다 보면 성장하는 조직에 필요한 것이 무엇인지 예측할 시간도 없고, 조직의 유지가능성을 성찰하기 위해 잠시 멈춰 생각할 틈도 없다. 무슨 일이 생기지 않으리라고 누가 장담할 수 있겠는가? 극단적인 조치가 필요하게 될지 누가 아는가? 어떤 자원이 조직의 발전에 가장 중요한 자원이 될 것인지 어떻게 알겠는가?

체계적으로 장기적인 안목을 가지려면 계획성과 민첩성이 모두 있어야 한다. 리더와 직원들이 미래를 염두에 두고 일을 할 때 온갖 문제들을 헤쳐 나갈 수 있는 체계를 만들 수 있다.

하지만 단기적인 상황만을 고려한 채 근시안적인 관점에서 커뮤니케이션을 운영하는 단체들이 여전히 많다. 프로그램이나 서비스 제공 장소와 같은 것은 시간을 들여 계획하지만, 장기적 관점에서 기부자, 수혜자, 정책결정자 혹은 다른 관계자들에게 그 프로그램과 서비스가 어떻게 받아들여질지에 대해서는 거의 고민하지 않는다. 여러분의 단체에는 커뮤니케이션을 위한 단기적 혹은 장기적 전망이 있는가? 있다면 표 2-1과 비교해보길 바란다.

성공적인 우편모금(Direct Mail) 프로그램은 장기적 관점을 채택한 좋은 예이다. 이런 프로그램으로 모금을 하는 단체는 프로그램을 장기적으로 계속 운영한다. 그들은 잠재기부자에게 개인적으로 기부를 요청하는 것이 곧바로 이익을 안겨주지는 못하지만, 꾸준히 신규기부자를 유입시킬 수 있는 방법임을 알기 때문이다.

표 2-1 당신의 조직은 어떤 관점을 택하고 있습니까?

단기적인 관점	장기적인 관점
커뮤니케이션을 위한 예산이 없다. 프로젝트들은 그때그때 상황에 따라 진행한다.	지속적인 커뮤니케이션을 위한 연간 예산이 따로 편성되어 있다.
중요한 커뮤니케이션 수단(브랜드, 웹사이트 등)의 점검을 미루다가 위기 상황에 닥쳐서야 제한된 예산과 시간 때문에 절충안을 마련하는 경우가 많다.	새로운 웹사이트 구축처럼 큰 지출을 예상하고 필요한 재원을 미리 찾는다.
단체의 정체성을 유지하기 위한 공식적이고 문서된 지침서가 없으며 담당 책임자도 정해져 있지 않다. 보통 정해 놓은 핵심 메시지가 없다.	분명한 시각적 정체성과 문자화된 메시지 전달 플랫폼이 개발되어 있다. 이러한 것들은 구체적인 스타일 지침서, 직원 지침서, 기타 문서 등으로 공식화되어 있다.
비공식적이고 주관적인 방식으로 시각적 정체성과 메시지를 만든다.	시각적 정체성과 메시지 전달 플랫폼이 기관의 비전과 미션과 잘 연결되며 전략적으로 개발되었다. 오래된 단체에서는 브랜드와 계획의 긴밀한 연계를 위해 전략적 계획 수립 이후 브랜드의 이동이 있다.
소셜 미디어 등과 같은 새로운 수단을 이용하거나 큰 프로젝트를 진행할 때 전략적인 계획 없이 성급하게 착수한다. 그 결과, 프로젝트의 수명이 짧아지거나 생각보다 빠른 시간 내에 프로젝트를 수정할 일이 생긴다.	소통대상이 누구인지, 프로젝트에는 어떤 것들이 필요한지, 프로젝트의 목적은 무엇인지 등이 명백하게 파악되기 전까지는 페이스북이나 기타 소셜 미디어 등 새로운 커뮤니케이션 수단을 성급하게 사용하지 않는다.

반응적인 업무체질

여러분 조직에는 언제 이메일을 보낼지, 언제 우편물을 발송할지, 소식지나 초청장, 기타 자료들은 언제 보낼지 등의 계획에 사용하는 커뮤니케이션 이정표가 있는가? 커뮤니케이션 수단들을 사전에 잘 계획하고 시작하는가 아니면 막판에 닥쳐 실행하여 무질서하게 끝내는가?

장기적인 커뮤니케이션을 위해 예산을 짜거나 체계를 구축하지 않고 단기적인 관점으로 접근하다 보면 미리 대책을 세워 추진하지 않고, 그때그때 반응적으로 일을 하는 업무 풍토가 조성된다.

그저 반응적으로 일을 하다 보면 불필요하게 처음부터 다시 일을 하게 되는 경우가 생긴다. 단체 내에서 사용하던 표어나 핵심 메시지를 정리한 문서, 스타일 지침서 등이 없기 때문에 늘 새로 문서를 작성해야 한다. 또한 새로운 디자인은 조직의 다른 부분들과 공통된 맥락이 거의 없을 것이다. 결과적으로 소통대상과 뒤죽박죽 뒤얽힌 커뮤니케이션을 하게 된다. 이러한 혼란을 피하기 위한 첫 번째 단계로 언제 모든 프로젝트들이 시작하고 끝나는지, 각 프로젝트마다 시작과 끝을 전후로 어떤 계획이 있는지, 이 일정이 지켜지는지를 보여주는 상세한 일정표가 있어야 한다.

우연히 만든 브랜드

비영리단체들은 대부분 훌륭한 아이디어에 비해 제한된 자원을 가지고 업무를 시작한다. 단체가 발전하게 되면 바로 수혜자나 후원자 등과 같은 소통대상과 커뮤니케이션을 시작하게 된다. 출범 후 3년 이내에 단체는 다음과 같은 업무를 한다.

- 단체의 이름이나 표어 등을 제안한다.
- 로고를 만든다.
- 단체의 이름이 들어간 편지지나 문구류 등을 제작한다.
- 전단지, 브로슈어, 웹사이트, 기타 단체 프로그램에 참여할지도 모르는 사람들 혹은 함께할 사람들, 기부할 사람들 등과 접촉하기 위한 수단들을 만든다.
- 글, 말, 빠르게 퍼지는 통신수단, 입소문, 평판 등을 통해 소문을 낸다.
- 억지로 선출하지 않아도 자연스럽게 대변인이나 주요 의사전달자가 선출된다. 선출된 이들은 보통 중요한 내용에 관해서 글을 쓰고, 교정을 보고, 발표를 하고, 진행 중인 내용들을 승인한다(보통 이들이 단체의 최고 관리자나 모금부서 총괄자이다).

신생 비영리단체가 단체의 브랜드를 개발하고 영업하는 전문인력 고용에 필요한 자원(시간이나 돈)을 확보하고 시작하는 경우는 아주 드물다. 기업은 브랜드 개편에 25만 달러 혹은 그 이상도 쉽게 지출하지만, 비영리단체의 예산에는 브랜드 관련 항목이 없는 경우도 허다하며 있다 하더라도 일반기업 예산보다는 훨씬 적게 편성되어 있다. 비영리단체들은 브랜딩 같은 항목들을 대충 즉흥적으로 정하고, 프로그램이나 운영 이슈로 넘어가기 위해 단기적인 관점에서 적당하고 빠르게 결정하는 경우도 많다.

단체의 이름, 로고 혹은 다른 커뮤니케이션 요소를 그때그때 상황에 맞춰 만드는 것이 늘 나쁜 것만은 아니다. 놀랍게도 우연히 만든 브랜드로 큰 효과를 본 단체들도 많다. 하지만 중요한 성장·변화의 시기를 겪다 보면 우연히 만든 브랜드가 소통에 최적이 아니라는 사실이 점점 명백해지고, 그러다 보면 기존의 브랜드를 버리는 경우가 많이 생긴다.

성장이나 변화의 시기를 맞은 단체 직원들은 이렇게 말한다. "주요 기부자들이나 후원기업들의 후원을 토대로 새롭게 기초를 다지려고 노력하고 있습니다. 기존의 브랜드는 현재 우리 단체의 모습을 반영하기에 적절하지 않은 것 같습니다. 기부나 후원을 하는 사람들이 우리에게 큰 투자를 할 가치가 없다고 생각할까봐 걱정입니다." 혹은 이렇게 말하는 사람들도 있다. "지금 우리 단체의 이름은 진행 중인 프로그램들을 고려했을 때 오해의 소지가 있을 수 있습니다. 새로운 프로그램을 위한 캠페인을 구상할 때에는 더욱 설득력 있는 이름을 만들어서 새로운 사람들이 우리 단체를 접할 때 올바른 인식을 하게 되기를 바랍니다."

다음의 점검사항을 보면 자신이 일하는 비영리단체의 브랜드가 우연히 만들어진 것인지 아닌지, 단체의 커뮤니케이션에 관해 생산적인 토론을 이끌어낼 수 있는지 없는지를 알 수 있다('예'이면 우연히 만든 브랜드이다).

☐ 단체의 로고나 다른 디자인 요소들을 전문가나 경험이 풍부한 디자이너가 만들지 않았다.

☐ 여러 사람이 브로슈어, 웹사이트 기타 커뮤니케이션 도구들을 만들었으며 일관성이 없다. 현재 단체가 하는 일과 연관된 이미지 혹은 각 도구들 간에 연관성이 없다.

☐ 외부에 있는 사람들에게 보여줄 홍보자료나 문서를 만들 때마다 자료를 여기저기서 모은다. 일관된 메시지를 명확히 보여줄 수 있는 미리 정해진 메시지나 언어를 사용하지 않는다.

☐ 브랜드, 로고, 이미지 등에 담긴 포괄적인 특징이 우리만의 독창적인 비전이나 미션을 보여주지 못한다. 비슷한 미션의 다른 단체에서도 사용함 직한 디자인이나 브랜드이다.

전체를 조망하라

장기적인 관점으로 비영리단체 일을 하는 사람들은 다른 단체들에서는 무슨 활동을 하는지, 어떻게 커뮤니케이션을 하는지, 그래서 어떤 결과를 얻었는지 등을 정기적으로 모니터한다. 이렇게 관찰한 내용을 보고서로 작성해 상사나 이사회 모임이 있을 때 제출하면 여러 가지 면에서 도움이 된다. 첫째, 다른 단체의 활동정보를 통해 리더는 단체의 경쟁력을 파악할 수 있는 상황판단능력이 생긴다. 또한 조직이 향하는 곳은 어디인지 혹은 걸어온 길은 어디인지를 조망할 수 있게 된다. 다른 단체들이 우리 단체와 같은 기부자, 수혜자, 정책결정자 등과 관련을 맺고 있을지도 모르기 때문에 이러한 정보는 후원자들과의 커뮤니케이션에 관한 정보를 알려줄 수도 있다. 예를 들어, 공동체라고 하는 더 큰 맥락에서 긍정적인 점들을 공유한다면 비영리단체의 성공을 보고 싶어하는 후원자들에게 크게 동기부여를 해줄 수도 있다.

정보의 포화를 관리하기

예전에는 커뮤니케이션을 하려면 우표를 동봉해서 편지를 보낸 후 답장이 올 때까지 며칠이고 기다리는 경우가 허다했다. 10여 년 전만 해도 편지나 전화를 받은 사람 중에는 실제로 단체의 활동에 관심이 있어 회신을 보내는 이가 분명히 있을 것이라 생각하곤 했다. 삶을 뒤로 천천히 돌이켜보면 우리가 매일 받는 수많은 커뮤니케이션 자료들이 점점 줄어드는 것을 느낄 것이다. 예전에는 자료 하나를 만드는 데 훨씬 더 공을 많이 들였기 때문이다.

하지만 지금은 시대가 바뀌었다. 다음 통계자료들을 보면 다소 당황스러울 수도 있을 것이다.

- 2008년 여론조사에 의하면 미국의 휴대폰 이용자(혹은 5천 8백만 휴대폰 이용자들) 중 23%가 최근 30일 이내에 광고 전화를 받은 경험이 있다. - 로크너(Loechner), 2008년

- 평균적인 미국인 가정에서 하루 평균 TV를 보는 시간은 7시간이며 "실제로 집중해서 보는 시간은 성인 한 명당 하루에 4.5시간이다". 라디오, 신문, 다른 전통 매체들도 포함하면 성인 미국인이 매일 매체를 보는 시간은 하루 평균 6.43시간이다(이는 미국인들의 평균 수면시간보다 긴 시간이다). - 메이어(Mayer)

- 2006년 여론조사에 의하면 인터넷을 이용하는 미국 성인은 1억 4천 7백만 명이다. 이는 미국 전체 인구의 71%에 달하는 수치이다. 노인층 역시 인터넷을 이용하고 있었다. 70~75세 사이의 미국 노년층 중 26%가 인터넷을 이용했으며 76세 이상의 노년층의 경우는 17%가 인터넷을 이용했다. - 매든(Madden), 2006년

- 2009년 1월까지 6천 8백만 명의 페이스북 사용자들이 페이스북에 매달 접속한 횟수는 11억 9,137만 3,339번이었다.

  - 카제니악(Kazeniac), 2009년

더 정보가 필요하거나 궁금한 점이 있는가? 인터넷을 검색해보라. 소셜 인맥 전문 사이트인 링크드인(LinkedIn)의 직업 네트워크에 특정 관심 분야를 올리거나 페이스북(Facebook)과 같은 다른 소셜 네트워크에 글을 올릴 수도 있다. 현대인들은 과거에 비해 소통수단이 월등하게 많으며 각 소통수단들마다 겪고 반응해야 할 어마어마한 정보들

이 융단폭격을 퍼붓고 있다.

이 정보들에 어떻게 대처해야 하는가? 2008년 빅 덕에서 실시한 '효과적인 커뮤니케이션에 장벽이 되는 것들'이라는 여론조사에서 응답자 중 절반에 가까운 사람들이 단체가 정보와 사업을 효과적으로 관리할 수단을 갖고 있는지에 대해 회의적이었다.

중요한 아이디어에 집중하라

여러분은 지난주에 비영리단체에서 얼마나 많은 정보를 얻었는가? 그 정보를 얼마나 주의 깊게 읽었는가? 그 정보에 대해 얼마나 많이 생각했는가?

영리단체 메시지건 비영리단체 메시지건 대부분 사람들이 하루에 접하는 마케팅 메시지는 평균 3천~5천 건이다. 현대인들은 마케팅 메시지의 융단폭격 속에 살고 있으며 대부분의 메시지는 무시한다. 여러분이 수십 수백 통의 행사초대장과 문의편지, 수많은 모임이나 후원요청을 받는 자선가라면 어떤 기분일지 상상해보라. 기부를 많이 하는 자선가들이 경호원들이나 연락을 담당하는 비서들을 두는 것도 당연한 일이다.

이러한 메시지 자료를 만들 때 메시지를 받게 될 사람보다 만드는 사람이 메시지의 중요성을 훨씬 더 잘 인식하는 경우가 많다. 단체의 일에만 몰두하다 보면 외부 사람들이 단체의 미션이나 프로그램에 익숙하지도 않고 별로 관심도 없다는 사실을 기억하기가 어렵기 때문이다. 사람들에게 알리고 싶은 한 가지 큰 아이디어를 명백하게 하고, 디자인 요소로 이를 강화한다면 정보전달을 방해하는 잡음을 뚫고 본질에 접근할 수 있게 된다.

이러한 관점에서 바라보면 세상은 잡음투성이다. 이런 세상에서 단체의 메시지를 제대로 전달하려면 더 큰 목소리로, 또박또박, 일관되고 명확하게 소리를 내야 한다.

내 관점이 아닌 상대의 관점에서 소통하라

세상은 점점 요란해지고 정보가 넘쳐난다. 때문에 접촉해야 할 사람들의 관심을 끌기가 점점 어려워진다. 하지만 만나서 후원을 이끌어내야 하는 사람들과는 무관하게 오직 조직 '내부'의 관점에서만 소통을해서 장벽을 더욱 높게 만드는 비영리단체들이 매우 많다. 사람들에게 단체가 어째서 훌륭한지를 설명하기보다는 만나야 할 사람들을 먼저 파악하고, 그들이 단체를 후원해서 얼마나 이익을 볼 수 있는지를 파악하는 것이 우선이다. 내가 아닌 후원자들의 입장에서 생각해야한다. 이것이 '소통대상 중심 커뮤니케이션'의 가장 기본적인 원칙이며 이 책에서 다루게 될 주요 내용이기도 하다.

소통대상의 눈으로 보라

여러분이 수백만 달러짜리 광고 예산에 대해 설명할 때나, 광고 전문 잡지 〈애드버타이징에이지〉(*Advertising Age*)에 실릴 광고를 설명할 때, 듣는 사람들이 집중하지 못하거나 주의가 산만해진다면 심각한 문제이다. 하지만 광고 등과 같은 커뮤니케이션에 예산이 전혀 책정되어 있지 않다면 어떨까? 그렇다면 문제는 더욱 심각하다.

여러분의 단체는 소식지를 만들어 발송하거나, 이메일을 보내고자 하는 계획을 세울 때 이 소식지를 받아볼 사람들이 얼마나 바쁠지, 이 소식지를 얼마나 좋아할지에 대해 심사숙고하면서 계획에 착수하는가? 그들이 선호하는 커뮤니케이션 수단을 이용해 소통하는가? 소식지의 문체나 어조를 받아볼 사람에게 맞추어 썼는가?

1969년 설립된 군인가족연합(National Military Family Association)은 가족구성원이 7종류의 군대 중 한 곳에 가 있거나 유족인 이들에게 교육과 정보, 후원을 제공하는 단체이다. 군대에 있는 사람들은 대부분 18~37세 사이이고 이 연합은 그들의 배우자들에게 폭넓은 지원을 제공해준다. 그러다보니 이 프로그램에 적합한 회원은 보통 Y세대 ■ 혹은 밀레니얼 세대 등으로 불리는 이들이다.

커뮤니케이션 습관에 관한 연구자료에 의하면 Y세대나 밀레니얼 세

■ 역주 ― 전후 베이비붐 세대가 낳은 2세대들을 일컫는 말로, 컴퓨터, 인터넷, 디지털 기기 등을 자유자재로 다루는 1978~1995년생 젊은이들.

대는 이메일, 휴대폰 문자 메시지 등은 물론 트위터, 페이스북 등과 같은 소셜 미디어도 자유자재로 다루는 세대이다. 군인 가족들이 선호하는 커뮤니케이션 수단에 관한 연구자료에도 Y세대의 이러한 성향이 뚜렷하게 드러난다. 사실 군인 가족들은 일반 가족들에 비해 온라인이나 휴대폰으로 소통을 더 많이 하는 편이다. 군에 있는 가족구성원이 해외로 파병되거나 부대를 재배치받는 경우가 종종 있기 때문이다.

군인가족연합의 직원과 이사진들은 가족구성원 중 일부가 군대에 있는 경우가 대부분이고, 단체가 정한 소통대상보다 연령대가 약간 높은 편이며, 구세대식 커뮤니케이션 방식을 더 선호하는 편이다. 하지만 군에 있는 가족구성원과 어떤 커뮤니케이션 수단을 선호하는지에 관한 연구를 마칠 무렵 이들은 계획을 바꾸었다. 제한된 지원예산과 인력을 온라인과 소셜 미디어에 다시 배치해야 한다는 점이 명백하게 드러났기 때문이다. 또한 이 연구 덕택에 이사회 구성원들은 단체의 커뮤니케이션이 변화하고 있다는 사실을 깨닫게 되었다.

단체 목표대중의 취향에 따라 소통을 해야 한다는 방침은 소통대상 중심의 커뮤니케이션의 기본이다.

소통대상 중심의 커뮤니케이션 사례 중 어마어마한 성공을 거둔 사례는 또 있다. 바로 미국 동물애호협회(ASPCA)이다. 커뮤니케이션 방식에 대한 처음의 고민은 아주 단순한 질문에서 시작되었다. "개를 좋아하는 사람과 고양이를 좋아하는 사람들은 서로 비슷하게 두 동물을 모두 좋아할까? 아니면 고양이를 좋아하는 사람은 고양이에만 관심이 있고, 개를 좋아하는 사람은 개에만 관심이 있을까?" 이 질문에

답을 얻기 위해 이들은 실험적인 이메일을 보냈다. 결과는 매우 분명했다. 고양이를 좋아하는 사람들은 고양이에 관한 내용만 있는 소식지를 훨씬 더 선호했고 반대의 경우도 마찬가지였다. 이 단체의 홈페이지(www. aspca. org)에 가입하려면 어떤 동물을 더 좋아하는지를 기입해야 한다. 기입한 동물의 정보에 따라서 받게 될 커뮤니케이션 자료들이 정해진다. 전략적인 계획에서 비롯된 새로운 의사소통방식 덕택에 이 단체는 일 년도 채 되지 않아 수입이 두 배로 늘게 되었다.

여러분의 단체는 다음과 같은 것들을 하는지 점검해보라.

• 조직 외부의 사람들과 소통을 할 때 각 계층이 선호하는 매체를 이용하는가? (즉, 이메일을 좋아하는 사람에게는 이메일을 보내고, 전화를 선호하는 사람에게는 전화를 거는 방식인가?)
• 조직 외부의 사람들에게 단체의 '장점'을 설명할 때 의미 있고, 그들과 관련이 있는 언어를 이용하는가?
• 자료나 소식지를 접하게 될 사람들이 단체와 관련을 맺고 있는 정도에 근거해 정보의 질과 종류를 조정하는가?

소통대상 중심의 커뮤니케이션은 단체의 관점이 아닌 소통대상의 관점에서 이루어지는 소통방식을 의미한다.

소통대상 중심의 커뮤니케이션을 하려면 단체 중심의 사고방식에서 다른 사람들 중심의 사고방식으로 나아가야 한다(어떻게 해야 할지 모르겠다면 그들에게 직접 물어보라).

기부자에게 행복감과 감성적 유대로 접근하기

기부자들이 기부를 하는 이유들은 주로 다음과 같다.

- 단체의 명분 혹은 비전을 믿기 때문에
- 기부 요청을 받았기 때문에
- 이타주의, 동정심, 자부심, 희망, 두려움, 의무감, 상호관계, 향수, 인식, 공동체의식 등과 같은 감정에 동기부여를 받아서
- 세금환급이나 공제 등을 받기 위해
- 신념 혹은 종교 때문에
- 공인이기 때문에
- 기부가 사회적 지위를 높여주기 때문에

하지만 대부분 비영리단체들은 연하장이나 이메일 홍보자료, 온라인 기부요청 등의 자료를 보낼 때 이러한 동기부여 요소들은 망각한 채 기부의 성과, 이익, 성취 등은 거의 언급하지 않고 너저분하고 긴 프로그램 목록들을 보낸다.

기부행위가 주는 행복감이 신체적으로 드러나는 경우도 있다. 오리건대학 연구팀은 주는 행위가 뇌에 어떤 영향을 미치는지 측정하기 위해 뇌 영상 기술을 이용했다. 다소 복합적이긴 했지만 연구결과를 보면 뇌 영상을 촬영한 실험 대상자 중 절반은 주는 행위를 할 때 뇌의 온도가 올라갔다. 이는 친구를 사귈 때 느끼는 감정과 비슷한 반응이다.

결국 가장 중요한 것은 자발적인 마음에서 기부를 하도록 만드는 것이다. 기부를 할 때 '옳은 일을 한다'는 기분이 들어야 한다. 그렇다면 어떻게 해야 기부자가 이런 감정을 느끼게 될까? 기부로 인해 공동체 전체가 받게 될 영향에 대해 이야기하기보다는 한 개인의 이야기를 하는 것이 훨씬 더 많은 기부를 이끌어낼 수 있다. 이것이 따뜻한 감성이다. 이야기를 듣고 감동을 받을 때 사람들이 느끼는 개인적이고 감정적인 유대감, 즉 따뜻한 정서야말로 개인 대 개인 차원에서 가장 효과적인 방법이다.

타인의 관점으로 바라보라

특정 분야에 대해 더 많이 알수록 다른 사람들이 그것을 어떻게 생각하는지 더 쉽게 잊어버리는 경향이 있다. 비영리단체의 직원들은 단체가 후원을 받아야 할 이유를 너무 잘 알다보니 단체 외부의 사람들이 단체의 신념에 동참하지 않는 사람이라는 현실을 망각할 때가 더러 있다. 직원이 단체와의 유대감과 소통대상과의 유대감의 차이를 잊어버리면 다음과 같은 현상이 벌어진다.

- 프로그램과 서비스의 세부적인 내용들을 지나치게 상세히 설명한다. 즉, 너무 많은 정보를 공급한다.
- 성과와 이익에 집중해야 한다는 사실을 잊어버린다. 즉, 기부의 필요성을 설명할 때 감성적인 콘텐츠를 사용한다.

- 단체와 연관이 있는 전문가들은 사용하지만 단체 외부의 수혜자나 기부자들에게는 익숙하지 않은 전문용어, 즉 능력배양, 예방사업 등의 용어를 사용한다.
- 행동 요청을 잊어버린다. 즉, 자료를 읽은 사람들이 즉시 행동을 취하도록 요구하는 것을 잊어버린다(보통 기부, 자원봉사, 프로그램 참가 등의 행위).
- 대상에게 적절하지 않은 언어를 사용한다. 예를 들어 대학교 졸업생이 읽는 수준의 글을 교육 수준이 낮은 사람들을 목표로 하는 프로그램에 사용하거나 기부자가 원하는 것보다 기술적인 세부사항들을 지나치게 많이 제공한다.

소통대상 중심의 커뮤니케이션을 시행하라

조직의 커뮤니케이션 방식을 더욱 대중 중심으로 변화시키는 방법에는 3가지가 있다.

- 소통대상이 선호하는 소통방식과 경로에 대한 공식적 혹은 비공식적인 조사를 시행하라. 이러한 접근방식을 단체에서 사용하는 언어에 적용하고, 메시지를 전달하는 각종 매체에도 이용하라.
- 소통대상에 가장 잘 전달될 수 있는 시점을 찾아 커뮤니케이션 일정표를 만들어라(단체의 편의, 회계연도, 다른 내부 사정 등에 맞추지 마라).

- 데이터베이스에 각 개인의 커뮤니케이션 선호도를 구체적으로 파악할 수 있는 소프트웨어 솔루션을 갖추라. 그래야 각 개인이 선호하는 커뮤니케이션 방식으로 소통할 수 있다. 예를 들어 이메일을 선호하는 사람에게는 이메일을 보내고 우편물 발송은 중단하라.

최소한의 자원으로 최대한의 효율을

직원이 몇 명이건, 예산이 얼마이건, 주변 경제여건이 어떻건 간에 충분한 커뮤니케이션 자원을 가진 비영리단체는 거의 없다. 예산도 많고 규모도 큰 비영리단체는 가시성이 높은 현장 캠페인을 구축하거나, 블로그 환경을 잘 분석하여 주도적으로 대응해가거나 소셜 미디어를 더욱 완전하게 이용할 수 있게 되기를 바란다. 직원 수도 적고 예산도 적은 비영리단체들은 더 좋은 웹사이트를 구축하거나 효율적인 브로슈어를 만들고 싶어 한다. 큰 단체와 작은 단체는 커뮤니케이션 목표도 다르고 필요한 것도 다를 수 있지만 공통적인 질문은 하나다. "어떻게 하면 한정된 자원으로 더 많은 일을 할 수 있을까?"

제한된 자원

몇 해 전, 대부분의 비영리단체들이 웹사이트 구축에 투자를 했던 적이 있다. 당시 단체들은 투자를 하면서 그 유효기간이 오래 지속되기를 바랐을 것이다. 비영리단체들은 프론트페이지와 드림위버 같은 소프트웨어 프로그램, HTML 같은 코딩언어를 배워가면서 직접 웹사이트 체제를 유지하고 당시의 흐름에도 발맞출 수 있기를 바랐다. 2006년 이전에는 비영리단체 영역에 웹 2.0■이 올 것이라고 생각한 사람은 극히 드물었고, 저렴한 비용의 온라인 디지털 비디오나 소셜 미디어 등과 같은 공개 소프트웨어처럼 새로운 기술에 영향을 받으리라고 생각한 사람도 거의 없었다. 심지어 오늘날에도 많은 비영리단체들이 유튜브(YouTube), 플리커(Flickr, 사진 공유 사이트), 소셜 네트워크 사이트 등과 이 매체들이 의미하는 것이 무엇인지를 이해하려고 골몰하고 있다.

결과적으로 대부분의 비영리단체들은 현대의 흐름에 맞게 웹사이트를 업그레이드할 예산을 확보하지 못했다. 사실, 기술의 변화가 매우 급격하게 일어나는데다가 변화의 속도도 워낙 빠르다보니 최소한 2〜3년에 한 번씩은 새로운 사이트를 구축하거나 중요한 내용을 업그레이드해야 한다.

■ 역주─Web 2.0, 모든 사람이 제공되는 데이터를 활용해 다양한 데이터를 생산하고 인터넷에서 공유할 수 있도록 한 인터넷 환경.

빅 덕에서 2008년 비영리단체를 상대로 실시한 여론조사에서 효과적인 커뮤니케이션을 가로막는 가장 큰 장벽이 무엇인지를 묻자 응답자 중 27.8%가 부족한 시간, 21.7%가 예산 부족이라고 대답했다.

전문적인 커뮤니케이션 담당직원의 부족

효과적인 커뮤니케이션의 세 번째 장벽은 직원의 능력으로 꼽혔다. 대개 비영리단체의 커뮤니케이션 담당자들은 비영리단체 마케팅이나 커뮤니케이션에 경험이 적거나 아예 없는 경우가 많다(마케팅이나 커뮤니케이션 담당자들은 비영리단체 운영에 대한 전문성뿐 아니라 커뮤니케이션 관련 학사학위 혹은 석박사급 학위가 있는 것이 이상적이다).

상대적으로 운용 예산이 더 큰 단체는(연간 1,100만 달러 이상) 보통 커뮤니케이션 전담직원이 있으며(빅 덕의 여론조사 결과 이러한 단체 중 79%가 전담직원이 있다고 답했다) 전담직원은 자신에게 효과적으로 커뮤니케이션을 발전시키고 운영할 능력이 있다고 생각하는 경우가 많았다(54.6%). 하지만 대다수 비영리단체들은 커뮤니케이션 활동을 할 수 있는 예산이 충분하지 않다고 생각했으며(65.9%), 현장활동과 모금을 하는 과정에서 스트레스를 받는 직원들도 많았다(52.3%).

직원 수가 25명 이하이고 연간 예산이 500만 달러 이하인 소규모 단체의 경우는 따로 커뮤니케이션 담당부서와 직원들을 두지 않는 경우가 많았으며(전담직원과 부서가 있다고 대답한 단체는 34.4%였다) 전문성 수준에도 문제가 있었다.

활동에 필요한 예산뿐 아니라 전담직원에 대한 계획과 예산도 중요하다. 작은 단체라 해도 커뮤니케이션에 장기적 관점에서 접근해나가려면 전담직원에 대한 계획과 예산이 필수이다. 경기침체와 경기후퇴 시기에 살아남으려면 현재 후원자들을 유지하고 새로운 후원자들을 모으면서 동시에 커뮤니케이션을 주도적으로 책임질 인물이 더욱 필요하다. 소셜 미디어와 온라인을 이용한 모금이 증가하면서 모금활동에 필요한 비용은 더욱 낮아졌지만 온라인 커뮤니케이션에 소비해야 하는 시간은 점점 늘어나고 있다.

커뮤니케이션 변화를 위한 재원의 부족

커뮤니케이션을 정교하게 할 수 있는 전문가를 고용하는 데 드는 비용은 직원, 자원봉사자, 프리랜서, 대행업체 등의 역할을 어떻게 구성하느냐에 달려 있을 것이다. 가장 흔한 경우는, 비영리단체가 주요 후원자들이나 이사회 구성원들 혹은 장기적인 기부자들에게 디자인이나 웹사이트 등을 개발하기 위하여 관련 부서에 기술과 인력을 증강해달라고 요청하는 것이다. 재단의 경우 모금(자원) 개발 부서나 커뮤니케이션 부서를 만드는 데 동의할 수도 있으며 마케팅 경험이 있는 이사회 구성원이 있다면 메시지와 관련한 업무에 투자를 할 수도 있을 것이다.

하지만 이러한 지원 요청이 단체의 리더나 기부자들을 당혹스럽게 할 수도 있다. 이러한 요구는 장기적인 관점에서 접근을 해야 가장 적절한 때에 예산과 계획을 이끌어낼 수 있다. 그러니 새로운 정체성, 웹사이트, 인쇄자료 등이 절실하게 필요한 순간이 되어서야 비용 문제를 해결할 방법을 찾아서는 안 된다. 그보다는 아이디어와 정보를 접목해 더 큰 조직의 목표(주로 전략적인 계획에서 유래한)와 소통을 하고 예산이 집행되는 기간 동안 접목한 아이디어와 정보를 단체의 리더에게 설명해야 한다. 이러한 접근은 커뮤니케이션을 담당하는 직원들을 모금전문가로 성장시키는 가장 좋은 방식이기도 하다.

덧붙여 다음은 도움이 될 만한 몇 가지 제안들이다.

- 회계연도가 시작하기 전에 커뮤니케이션 활동을 위한 계획과 예산을 세우고 정해진 예산을 확보하라.
- 직원이나 자원봉사자 중 커뮤니케이션 예산과 일정 집행을 책임지는 담당자를 두라. 각자 맡은 역할을 제대로 수행하게 하려면 담당자들이 책임지고 모든 일의 단계마다 결과를 기록해야 한다. 담당자는 이사회, 경영진, 직원들에게 정기적으로 결과를 보고하여 회계책임과 투자수익 평가를 분명하게 해야 한다.
- 주변의 비슷한 단체들이 얼마나 정기적으로 커뮤니케이션을 하는지 알려면 전체적인 상황을 살펴보아야 한다. 페이스북이나 유튜브 같은 활동을 하는지 소셜 미디어에서 찾아보고, 웹사이트도 방문해보고, 그들의 간행물도 받아보아야 한다. 그리고 단체의 리더에게 다른 단체의 활동을 보고하고 부지런히 새로운 정보를 찾아야 한다. 직원이나 컨설턴트에게 다른 단체의 사례를 연구하

자고 제안하거나 요구할 수도 있다. 단체의 커뮤니케이션 역량과
도전과제를 논의하는 토론을 활성화하기 위해 사례 연구자료를
이용하라.

요약

장기적인 관점에서 보고, 정보가 포화상태가 되지 않도록 관리하고, 소통대상의 관점에서 커뮤니케이션을 하고, 더 적은 노력과 자원으로 더 많은 일을 하라. 이런 것들이 조직 커뮤니케이션을 효과적으로 만드는 기본원칙들이다.

장기적인 관점을 가지려면 더 큰 그림을 보는 시각을 유지하고 의사결정에도 그러한 시각을 이용해야 한다. 심지어 매일의 커뮤니케이션 운영에도 마찬가지이다.

대중의 관심을 얻기가 날로 어려워지고 있다. 다양한 커뮤니케이션 방식들이 생겨나고, 더욱더 많은 단체에서 그러한 커뮤니케이션 방식들을 활용한다. 커뮤니케이션에 대한 투자가 효과를 내려면 전략을 갖는 것이 중요하다.

대부분 비영리단체들은 대중의 관점이 아닌 단체의 관점에서 커뮤니케이션을 한다. 대중 중심의 관점으로 옮기는 것 자체가 다른 많은 변화를 만들 수 있다.

정책상의 문제가 있거나 직원 규모에 한계가 있는 경우, 예산이 적거나 전혀 없는 경우, 업무태도가 수동적인 경우 등 제도적인 문제점이 있으면 막판에 급하게 우발적으로 브랜드를 만드는 경우가 자주 발생한다. 이러한 커뮤니케이션은 바람직한 방식이 아니며 시간이 흐르면 자원을 추가해 다시 만들어야 한다.

처음 단체를 시작할 때부터 커뮤니케이션에 필요한 예산과 직원을 가지고 시작하는 것은 이상적인 세상에서나 가능한 일이다. 대부분의 단체들은 이를 갖지 못하고 시작하며, 장기적인 관점으로 보는 문화로 변화하려면 시간과 노력이 많이 든다. 예산, 헌신적인 직원, 세부적인 일정 등이 도움이 된다.

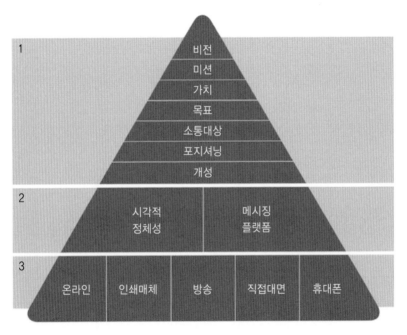

1. **조직 수준**: 조직 수준에는 단체 업무의 모든 면들에 영향을 미치는 핵심 요소들이 포함된다.
2. **정체성 수준**: 대부분 사람들이 보편적으로 생각하는 브랜드화 작업이 포함된다. 특히 시각적 통일성과 메시지 전달에 역점을 둔다.
3. **경험적 수준**: 경험적 수준은 소통대상이 단체와 관련을 맺을 수 있도록 만들어주는 통로와 수단이다.

제 3 장

브랜드레이징의
개요

모든 커뮤니케이션이 조직의 진정한 존재 이유를 확실히 반영하려면 일을 시작하기에 앞서 우선 조직의 비전, 미션, 가치, 목표, 소통대상, 포지셔닝, 개성 등을 미리 확립해두어야 한다. 이 장에서는 브랜드레이징의 기본구조에 관한 개요를 설명하고 이후 다룰 깊이 있는 내용들의 개념을 소개한다. 왼편의 도표는 커뮤니케이션의 모든 요소들이 조직 내부의 긴밀한 구조와 어떻게 맞물려 돌아가는지를 보여준다. 또한 브랜드레이징의 조직 수준, 정체성 수준, 경험적 수준을 간략하게 보여준다.

조직 수준

브랜드레이징 구조에서 조직 수준을 구성하는 요소는 비전, 미션, 가치, 목표, 대중, 포지셔닝, 개성 등 7가지 요소이다. 이 요소들이 프로그램, 인적자원 기능, 소통뿐 아니라 대부분의 의사결정 등에 직접 영향을 미치기 때문이다. 7가지 요소들을 살펴보면 다음과 같다.

- 비전 : 만들고자 하는 더 나은 세상에 대한 관념, 조직이 생겨나게 된 처음의 아이디어(왜 생겨났는가?)
- 미션 : 조직이 할 일을 명시하는 것(어떻게 비전을 성취할 것인가?)
- 가치 : 조직의 가야 할 길을 안내하는 신념체계
- 목표 : 미션을 달성하기 위해 반드시 이루어야 하는 특정 목표들
- 소통대상 : 소통하고 조직의 목표를 이루기 위한 행동을 장려해야 할 다양한 집단
- 포지셔닝 : 비슷한 조직들과의 차별성을 보여주는 본질적인 부분
- 개성 : 모든 커뮤니케이션의 어조, 분위기, 태도

언급한 요소들 중 포지셔닝과 개성은 대다수의 비영리단체에게는 익숙하지 않은 개념이다. 이는 유효성이 입증된 마케팅 개념으로 일반 기업에서는 널리 사용되고 있지만 사회단체에서 응용되는 경우는 드물다. 이 부분은 4장 '조직적 수준의 브랜드레이징'에서 더욱 심도 있게 다룰 것이다.

정체성 수준

정체성 수준에는 대부분 사람들이 '브랜드'(*brand*) 라는 단어를 듣고 떠올릴 만한 내용이 포함된다.

- 시각적 정체성에는 커뮤니케이션에 사용된 로고, 색상, 서체, 이미지 등이 포함된다.
- 메시지 전달에는 조직의 이름, 핵심 슬로건 등과 같이 글로 된 메시지가 포함되며 조직의 비전, 가치, 미션 등의 선언문도 포함된다. 이러한 핵심 메시지와 기존에 정해진 메시지들은 일관성이 있고 변하지 않아야 한다. '엘리베이터 피치'도 여기에 포함된다. 엘리베이터 피치란 엘리베이터에서 마주친 주요 인물에게 짧은 시간 내에 효과적으로 조직을 소개할 수 있도록 잘 정리된 짧고도 강력한 문장, 혹은 소개하는 행위이다.

이 부분은 5장에서 상세히 다룰 것이다.

경험적 수준

경험적 수준은 소통대상과 단체와의 상호작용 방식을 규정한다. 여기에는 다음과 같은 것들이 포함된다.

- 온라인: 단체의 웹사이트, 이메일, 블로그, 소셜 미디어 등의 소통경로
- 인쇄매체: 브로슈어, 잡지나 신문기사, 전단지, 보고서 등의 소통수단
- 직접대면: 프로그램, 모임, 회합 등이 열리는 장소
- 방송: 공익광고, 기타 TV나 라디오 광고, 유튜브 동영상, 기타 매체의 보도
- 모바일: 전화통화, 주로 문자 메시지 — 다수의 단체들이 지지와 모금을 위해 이용하는 강력하고 새로운 방법

이 부분은 6장에서 보다 상세히 살펴볼 것이다.

각 수준별 리더십

조직적 수준의 요소들은 단체 설립 후 처음 몇 년 동안은 설립자가 주도하지만 그 이후부터는 이사회에서 만들어나간다. 보통 이사나 임원 등의 리더들은 조직적 수준의 요소를 개발하고 각 요소들을 실행하면서 생기는 변화를 승인하는 과정에 참여해야 한다. 많은 리더들이 단체의 미래상, 단체의 존재 이유, 업무의 근간을 이루는 근본적인 신념 등에 관해서는 각 부서의 장이나 직원들과 함께 재빨리 대충 논의하고는 단체의 비전, 미션, 가치 목표 등이 명확하게 정리되기도 전에 세부사항에 몰두한다. 하지만 이러한 요소들은 단체의 전략적 기반을 제공할 뿐 아니라 훌륭한 커뮤니케이션 프로그램에 필수적인 요소이다.

정체성 수준의 요소들은 모든 커뮤니케이션에서 일관적이어야 한다. 따라서 자주 바뀌어서는 안 되며, 반드시 한 사람의 통제하에 관리되어야 한다(커뮤니케이션 경험이 있는 사람이 관리하는 것이 이상적이다). 집행 예산이 1백만 달러 이하인 소규모 단체의 경우 보통 최고관리자가 이를 관리하고 감독한다. 예산이 1백만 달러에서 5백만 달러 사이로 소규모와 중간규모 사이에 있는 단체의 경우 커뮤니케이션까지 포괄하는 모금부서 총괄자가 관리 및 감독을 수행한다. 더 큰 규모의 단체에서는 커뮤니케이션이나 대외 문제를 담당하는 부서의 총괄자가 필요한 업무를 감독한다.

대부분 단체에서 직원들은 주로 일관성을 확실히 유지하기 위해 일상업무에서 정체성 수준의 요소들을 강화하는 업무를 하고, 이사나 각 부서의 리더들은 정체성 수준 요소의 개발이나 변화를 지도하며, 이 과정에 이사회의 승인과 참여도 수반된다. 또한 이사회는 새로운 로고나 메시지의 승인 여부를 표결로 결정하는 업무 외에도 관점을 공유하고 일관되게 만들어진 정체성 요소들을 활용함으로써 정체성 수준의 브랜드레이징에서 그 역할을 다해야 한다.

예를 들어 개발이나 변화에 필요한 미션선언문 같은 경우에는 최고 관리자의 적극적인 참여와 승인이 필요하며 새로운 강령을 적용할 때에는 최소한 이사회의 투표가 있어야 한다. 이사회의 승인을 받은 후에는 보통 커뮤니케이션 담당 책임자가(더 작은 규모의 단체는 최고관리자나 자원개발 부서 총괄자가) 승인받은 미션선언문이 경험적 수준에서 활용되는 모든 소통수단, 인쇄물 등에 그 내용 그대로 수행되는지를 책임지고 관리한다.

경험적 수준의 일들은 커뮤니케이션 담당직원들에 의해 관리된다. 소규모 단체에서는 단체행사나 사업홍보의 책임을 사업 담당직원이 진다. 규모가 큰 단체에서는 자원개발 담당부서나 커뮤니케이션 담당 부서에서 필요한 자료를 조직 내부에서 만들거나 자원봉사자, 프리랜서, 에이전시 등의 도움을 받는다.

브랜드레이징 성과의 측정과 평가

브랜드레이징에는 시간과 비용, 노력이 든다. 브랜드레이징은 장기적인 관점에서 보아야 할 전략이다. 그렇다면 여러분이 몸담고 있는 비영리조직에도 브랜드레이징이 가치가 있을까?

물론이다. 일관된 커뮤니케이션을 하는 단체는 동일한 기부자, 후원자, 참가자, 매체의 관심을 두고 경쟁하는 다른 비영리단체와 차별화된다. 경기가 호황일 때에는 브랜드레이징이 필수적인 사항이 아닐수 있다. 하지만 불황기일 때에 브랜드레이징은 단체의 사활이 걸린중대한 문제가 된다.

이에 더하여 비영리단체의 직원들은 긴밀한 시스템과 그에 기반한선명한 커뮤니케이션 개발을 통해 중대한 이익을 얻게 된다. 경험적수준에 필요한 새로운 소통내용과 인쇄물을 개발할 때 조직적 수준과정체성 수준의 요소들이 명확하게 규정되어 있다면 백지 상태에서 시작하는 것이 아니기 때문에 더 효율적으로 일할 수 있으며 최종 결과역시 일관성 있게 나올 수 있다. 이런 단체에서 일하는 직원들은 독립적으로 일하면서도 안정된 상태를 유지할 수 있다. 성공에 필요한 지침들과 업무에 필요한 요소들이 이미 정해져 있기 때문이다.

브랜드레이징을 통해 단체는 자신의 강점을 명확하고 효과적으로표현함으로써 더 좋은 인재를 채용하고 관리할 수 있다. 반면에 웹사이트가 형편없는 등 평균 이하의 커뮤니케이션을 하는 단체들은 조직의 능력과 성과를 가려버리게 된다.

단체 내에 브랜드레이징 체계가 자리 잡히고 나면, 기부자, 잠재기부자, 기타 소통대상은 어떤 방식으로 단체와 접촉을 하든지 일관된 메시지를 보고, 듣고, 읽게 될 것이다. 따라서 다음과 같은 결과로 이어질 수 있다.

- 기부자나 소통대상이 단체에 대해 갖게 되는 인상은 단체가 전달하고자 하는 것과 훨씬 더 가까워질 것이다. 브랜드레이징 체계를 통해 이러한 인상을 조정해갈 수 있기 때문이다.
- 단체의 이미지는 모든 매체를 통해 일관되게 전달될 것이며, '빈틈없이 관리되고 있다'는 인상을 줄 것이다. 이 일관성은 소통대상에게 신뢰와 안심, 신빙성을 줄 것이다.
- 단체에서 유용한 것을 제공한다고 인식하고 느끼기 때문에 소통대상은 단체의 커뮤니케이션에 더욱 관심을 기울일 것이다.
- 경제적으로 힘든 시기일수록 언급한 요소들을 잘 갖춘 단체는 더욱 빛날 것이며 더욱 견실한 투자처로 보일 것이다.

또한 브랜드레이징을 통해 이사들은 조직을 개인적인 관점에서 독단적으로 설명하기보다는 정확하고 일관된 방향으로 설명할 수 있을 것이다. 개개인이 '단체의 노선에 일치한다'는 확신을 품을 때, 더욱 자신감을 가지고 단체에 대하여 말하고 홍보할 수 있는 법이다. 그렇게 되면 잠재적인 신규 이사진이나 기부자 등과 같은 새로운 인맥에도 단체를 소개하게 될 것이다. 실제로 비영리단체가 투명하게 운영될 때 새로운 인맥이나 원하는 이사회 구성원들, 기부자들을 모집하기 수월해진다.

하지만 여기에도 장벽은 있다. 막강한 브랜드레이징 구조를 개발하느라 밤을 새울 수는 없는 노릇이다. 이웃과의 작은 파티에도 많은 준비가 필요하듯 브랜드레이징에도 계획과 협동, 팀워크가 필요하다. 브랜드레이징은 장기적인 관점의 전략이다. 개발에만 수개월이 소요되며 충분히 유익하게 되려면 지속적인 유지가 필요하다.

양적인 측정기준과 질적인 측정기준

브랜드레이징이 미치는 영향은 양적으로도 질적으로도 측정할 수 있다. 양적인 측정기준은 프로그램 이수자의 수, 이후 삼 년간 취업을 유지한 사람의 수, 모금액, 후원요청에 응한 사람의 비율 등을 반영해서 측정할 수 있기 때문에 유용하다.

질적인 측정은 양적인 측정처럼 구체적이지는 않지만 나름대로 매우 가치가 있다. 새로운 소식지, 새로운 시각적 정체성 혹은 다른 커뮤니케이션 수단에 관해 기부자들에게 듣는 피드백은 매우 귀중한 가치가 있다. 하지만 이 피드백이 한 개인의 의견인지 전체적인 의견인지를 판단하기는 어렵다. 보통 단체의 직원들이 가장 중요한 피드백을 파악하고 전달해주는 경우가 많다. 사람들이 단체와의 상호작용에 대해 말할 때, 이를 듣는 사람들이 주로 단체의 직원들이기 때문이다.

단체에서는 어떤 이슈에 대한 인식 혹은 행동을 변화시키려고 노력할 때 소셜 마케팅을 이용한다. 효과적인 소셜 마케팅 캠페인은 사회적으로 콘돔 사용을 인정하는 분위기를 확대하고, 오토바이 운전 시 헬멧 착용이나 자동차 운전 시 안전벨트 착용 비율을 더욱 늘릴 수 있으며, 음주운전 비율을 감소시킬 수 있다. 이러한 변화는 여론조사를 통해 자료를 정리하여 양적으로 측정할 수 있다. 이는 보통 전문 여론조사기관에서 전화로 실시한다. 혹은 동일한 여론조사를 6개월에 한 번 혹은 일 년에 한 번 정기적으로 실시해 결과를 비교하면 변화의 흐름을 파악할 수 있다.

일부 비영리단체에서는 브랜드레이징의 효과가 즉각적으로 파악되며 측정도 가능하다. 이 경우 직원들은 더욱 다각적인 측면에서 업무에 집중하면서 보다 효과적이고 효율적인 커뮤니케이션 담당자가 된다. 이사회도 단체를 위한 모금활동을 훨씬 더 편안하게 느끼게 된다. 이제는 모금을 위한 더 좋은 도구를 확보하고 있기 때문이다.

요약

제 3장에서는 브랜드레이징의 세 가지 수준에 따른 대략적인 개요를 다루었다. 세 가지 수준은 조직적 수준, 정체성 수준, 경험적 수준 이다. 나머지 장에서 각 수준에 따른 세부사항들을 자세히 살펴볼 것 이다.

커뮤니케이션을 별개의 전술적 수단이라기보다는 하나의 통합된 수 단으로 본다면 일관성과 지속성을 확보할 수 있다.

브랜드레이징은 조직의 커뮤니케이션이 일관적이며 조직의 비전과 미션을 수반하는 내용을 담고 있음을 분명히 하는 일로써, 오랜 기간 후에야 성과를 볼 수 있는 장기적인 전략이다.

브랜드레이징은 장기적인 전략이기 때문에 계획, 조정, 협력 등이 필요하다. 모두가, 특히 리더들이 이 과정에서 자신의 역할을 분명 히 파악하고 있을 때 매우 가치가 있다.

브랜드레이징의 가치는 시간을 두고 질적으로, 양적으로 측정될 수 있다.

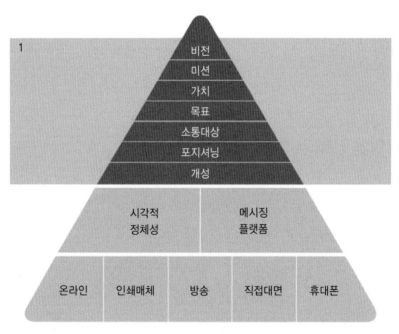

비전
미션
가치
목표
소통대상
포지셔닝
개성

시각적
정체성

메시징
플랫폼

온라인 인쇄매체 방송 직접대면 휴대폰

1. **조직적 수준 :** 조직적 수준에는 단체 업무의 모든 면들과 관련이 있는 핵심 요소들이 포함된다.

제 4장

조직적
수준의
브랜드레이징

비전, 미션, 가치, 목표, 소통대상 등은 공식적으로 규정되어 있건 그렇지 않건 간에 단체의 모든 업무, 즉 프로그램, 모금, 애드보커시 등을 견인하는 요소들이다. 이러한 요소들을 공식적으로 규정하는 업무는 보통 이사회 수준에서 수행하는데, 실무진의 리더를 적극 참여시키거나, 간혹 조직적 자원개발 컨설턴트의 도움을 받기도 한다. 포지셔닝이나 개성 같은 조직 수준의 요소는 마케팅이나 커뮤니케이션 경험이 적은 사람들에게 낯설 수도 있지만 비영리단체에서 매우 중요한 업무이다.

이 장에서는 조직 수준의 요소들이 비영리단체의 소통에 어떻게 영향을 미치는지를 보고, 또 정체성 수준과 경험적 수준에 필요한 전략적 기반을 어떻게 형성해가는지 살펴볼 것이다.

전략적 계획이 먼저인가 브랜드레이징이 먼저인가?

기능화가 잘 되어 있는 단체에서 총괄적으로 단체를 움직이는 가장 중요한 요소는 단체의 리더들이 규정하고 지지하는 명확한 비전과 미션이다. 어떤 일을 하기 위해 단체가 존재하는지, 어떻게 그 일을 할 것인지가 분명하지 않으면 명확하고 지속적인 커뮤니케이션이 어렵다. 단체를 이끌어나가는 전략이 충분하지 않으면 커뮤니케이션 활동과 다른 기능들이 임시변통의 연속이거나 하루하루의 활동으로 변질되어 결국 결과는 형편없게 될 것이다. 설립된 지 5년 이상 된 단체에서는 전략적 계획에 따라 브랜드레이징을 하는 경우가 많다. 전략적 계획 과정에 따라 조만간 브랜드레이징을 할 계획이 있는 단체라면 커뮤니케이션에 큰 변화를 주지 말고 브랜드레이징이 완성될 때까지 일단 기다려야 한다.

브랜드레이징을 시작하기 전에 단체의 직원과 이사회는 장기적인 목표에 대한 이해를 같이해야 한다. 모든 이해당사자들 간의 커뮤니케이션을 더욱 원활하게 하기 위해서는, 이렇게 명확성과 의도를 공유하고, 이 장에서 언급한 요소들을 구체화할 때 주관적인 반응은 최소화하고("이 로고는 마음에 들지 않아" 등) 전략적 맥락에 기반을 둔 팀을 유지할 수 있으며("이 로고는 효과가 없을 거야. 우리의 가치를 반영하지 않으니까" 혹은 "이 로고에는 우리의 목표가 없어" 등) 창조적인 업무로 발전할 수 있게 된다.

비전

1994년, 매사추세츠 주의 어느 농촌 거주자는 개발업자들이 농지 구매에 열을 올리고 있다는 사실을 발견했다. 한때 농작물로 가득했던 농지에 조립식 가옥이 부쩍 많이 들어섰다. 농지를 그냥 내버려두는 것보다 주거지로 변경해서 개발업자들에게 팔면 더 많은 이득을 볼 수 있기 때문이다. 소박한 농촌 공동체였던 이 마을은 점차 교외 주거지로 변화하고 있었다. 이 마을 관계자들은 모여 이렇게 묻기 시작했다. 개발이 우리 마을에 과연 얼마나 도움이 될까? 어느 정도의 개발이라야 지나친 개발이라 할 수 있는 걸까? 부동산 가격이 급등하거나 지나치게 도시화하지 않게 마을의 자연을 지킬 수 있는 방법은 무엇일까? 어떻게 하면 우리 공동체의 중심인 농지를 지킬 수 있으며 또 어떻게 하면 농지에서 수익을 낼 수 있을까? 고민 끝에 이스트 콰빈 토지신탁(East Quabbin Land Trust)이 설립되었다. 최근에는 제대로 임금을 주고 토지를 지키는 직원을 두고 있지만 2008년 말까지만 해도 자원봉사자들이 10제곱킬로미터가 넘는 토지를 지켰다.

대부분 단체가 출범하는 이유는 개인적으로 혹은 단체로 문제를 규정하고 그 해결책을 향해 나아가기를 원하기 때문이다. 단체가 어떻게 존재해야 하는가에 관한 비전은 종종 너무 원대해서 한 단체의 힘만으로는 성취하기 어려운 경우가 많다. 이러한 비전은 오랜 시간과 수많은 노력이 합해져야 성취할 수 있을 것이다.

비전이란 큰 생각(*big idea*)을 말한다. 비전선언문(*vision statements*)

은 이러한 큰 생각을 함께 공유할 수 있도록 문서화한 것이다. 모든 단체들이 비전을 말하고는 있지만 대다수의 경우 이를 공식적으로 문서화해서 규정하지는 않으며, 주로 미션에 치중하는 편이다. 《성장 지침: 어떻게 비전이 기업을 정해진 방향으로 이끌어가는가》(*Guiding Growth: How Vision Keeps Companies on Course*, 2003)의 저자 마크 립톤(Mark Lipton)은 특히 성장의 시기에 비영리단체와 영리기업들을 정해진 길로 나아가게 하는 것은 특정한 전략들이 아니라 명확한 비전이라고 주장한다.

시간이 흐르면 단체의 규모가 커지고, 진화하고, 새로운 관점을 갖게 될 수도 있다. 설립자가 떠나고 리더의 자리, 또는 외부환경에 변화가 생기면 비전도 희미해질 수 있다. 보통 비전은 전략적 계획을 짜거나 이사회가 연관된 단체의 다른 개발업무를 추진할 때 재고되거나 고려되는 경우가 흔하다. 근본적으로 비전을 다시 성찰한다는 말은 우리의 미래가 어떤 모습이어야 하는지를 묻는 것이다.

미 션

'세상을 변화시키는 것'이라고 하는 비영리단체의 비전이 하나의 파이라면, 미션은 각각의 단체가 도려낸 특정 조각이라고 할 수 있다. 즉, 비전이라고 하는 하나의 커다란 파이는 각기 다른 미션을 수행하는 여러 단체들로 이루어져 있다고 할 수 있다. 미션을 제외한 파이의 나머지 조각은 비전은 같지만 초점은 달리 한 다른 단체들에 의해 실행된다. 따라서 미션은 단순히 넓은 의미에서 성취하고자 하는 선(善)이 아니라 비영리단체가 수행해야 하는 구체적이고 실질적인 업무라 할 수 있다.

2003년 미국의 비영리복지단체인 보드소스(BoardSource — www. boardsource. org)에서 《미션을 정하고 발전시키는 데 있어서 비영리단체의 역할》〔The Nonprofit Board's Role in Setting and Advancing the Mission, 케이 스프린클 그레이스(Kay Sprinkel Grace) 저〕을 출간했다. 이 책은 보드소스에서 발행하는 총서 중 하나로 비영리단체의 이사가 미션을 개발하는 방법에 관한 개요를 설명하면서 효과적인 미션선언문 사례와 미션을 만들기 위한 확실한 절차 등을 다룬 책이다. 특히 그레이스는 미션을 연구할 때 "왜 우리 단체가 존재하는가?", "우리가 무엇을 할 것인가?"를 물어보아야 한다고 조언한다. 또한 이사회는 강력한 미션선언문을 만들어야 한다는 의미론에 사로잡히기 전에 미션의 개요와 개념에 먼저 집중해야 한다고 말한다. 또한 미션을 구체적으로 만드는 데 있어서 이사회의 가장 중요한 책임은 단체가 미션을 성취하고, 이를 위해 옳은 방향으로 나갈 수 있도록 만드는 것이라고 조언한다.

강력한 미션은 조직의 존재 이유에 대한 답이자 조직과 조직의 핵심 프로그램의 성공 여부를 판단해주는 기본 잣대가 된다. 단체의 미션이 커뮤니케이션과 그 외 모든 단체활동을 주도해야 하는 것도 바로 이러한 이유 때문이다. 여러분이 속한 단체의 뉴스레터, 이메일, 소셜 네트워크를 포함한 커뮤니케이션 등은 미션과 명확하게 연관되어 있는가? 각 커뮤니케이션은 목적과 단체 미션과의 관계가 명확해야 한다.

펫 퍼롱(Pat Furlong)은 뒤시엔느 근위축증(Duchenne Muscular Dystrophy) 진단을 받은 두 아들을 둔 간호사이다. 그녀는 1994년 '근위축증 부모 프로젝트'(Parent Project Muscular Dystrophy)를 설립했다. 뒤시엔느 근위축증은 불치병으로 주로 남자아이들에게 발병하는 유전적 질환이며, 이 병에 걸리고 치료를 받지 않으면 십대에 사망하는 경우가 많다. 펫은 치료방법과 간호기준 등을 연구하기 시작하면서 몇몇 치료방법을 발견했다. 그녀는 바로 뒤시엔느 근위축증을 앓는 아이들의 부모에게 연락을 했고 단체를 설립했다. 단체의 비전은 '뒤시엔느 근위축증을 앓는 아이들이 살아남아 어른으로 성장할 수 있는 세상 만들기'였다.

이 비전은 매우 원대하고 변혁적인 것으로, '근위축증 부모 프로젝트' 단독으로는 성취할 수 없었다. 이를 성취하려면 연구진들, 과학자들, 정책결정자, 가족, 기타 인력이 필요하다. 이 단체의 미션선언문은 '연구, 지지, 교육, 연민 등을 통해 뒤시엔느 근위축증을 앓는 모든 사람들을 위한 치료, 삶의 질, 장기적인 전망을 개선하는 것'이다 (www. parentprojectmd. org). 이 미션 역시 의욕적이긴 하지만 단체가 집중해야 하는 일에 관해 훨씬 더 구체적으로 언급한다. 이 선언문은 연구, 지지, 교육, 연민 등 4개로 나누어진 비전의 한 조각이며 뒤시엔느 근위축증에 집중한다.

미션 수정하기

보통 단체에서 미션을 수정하는 경우는 전략적 계획이 전개되는 과정이나 다른 개발업무의 발전과정에서 이루어진다. 일부 단체에서는 5년마다 한 번씩 이사회 회의를 통해 미션을 폐기할 것인지 계속 사용할 것인지를 논의하며, 미션을 재평가하는 시간을 공식적으로 갖는 경우도 있다. 하지만 이사회에서 미션에 관해 토론할 때, 미션이라고 하는 한 조각의 파이가 여전히 적절한지를 충분히 검토하기 전에 미션선언문에 사용된 언어에만 집착하는 경우가 많다.

미션은 단체가 착수한 핵심업무가 완수되었거나 환경이 변하면서 미션의 목적을 진지하게 재고해야 할 충분한 이유가 있을 때 바꾸는 것이다. 예를 들어 1938년에 발족한 '소아마비구제모금운동'(March of Dimes)의 미션은 소아마비 치료였다. 하지만 1958년 소아마비 백신이 효험을 입증하면서 이 단체의 미션은 질병을 앓는 아이들을 살리는 것으로 바뀌었다.

미션선언문 만들기

미션은 미션선언문으로 명시한다. 미션선언문은 보통 이사회의 승인을 받아 신중하게 작성되며 모든 커뮤니케이션에 정확하게 원문 그대로 혹은 문자 그대로 사용된다.

어떤 조직에서는 직원들이 직접 특정 대중, 신청 허가, 기타 목적에 맞추어 미션선언문을 대충 고치는 경우도 있다. 이런 방식으로 미션을 수정한다는 것은 대개 미션선언문이 더 이상 단체의 이념을 적절하게 표현하지 못한다는 것을 보여준다. 이러한 수정은 미션과 직접 연관이 없는 사업을 (대체로 펀딩이 된다는 이유로) 채택하는 미션 변질 (mission creep)로 이어질 수 있다. 하지만 이런 방식으로 미션을 수정하기보다는 직원과 이사회가 미션을 다시 검토한 후 최근의 단체 이념을 표현해줄 수 있는 언어를 성찰하고, 보편적으로 통할 수 있는 새로운 미션선언문을 만들어야 한다.

단체의 개성을 활용하고, 단체의 포지셔닝과도 통하는 언어를 잘 선택하면 미션을 역동적으로 표현할 수 있다. 이런 방식으로 만든다면 매우 효과적인 미션선언문이 될 수 있으며 임기응변식 수정도 필요 없게 될 것이다.

직원이나 이사들 중에서는 단체가 얼마나 오래 지속되어야 하는지에 관해 미리 생각을 하고 이를 토대로 새로운 미션선언문 작성과정에 접근하는 이들도 있을 것이다. 미션선언문은 한 문장 정도의 길이로 아주 간결해야 한다는 선입견을 가진 단체도 더러 있다. 미션선언문의 길이에 관해서는 무엇이 옳고 그르다고 말할 수 없다. 실제로 미션선언문을 만드는 데 있어서 모든 단체에 보편적으로 적용할 수 있는 엄격한 법칙이나 최신 유행은 없다. 중요한 것은 선언문에 단체의 미션이 명확하고 효과적으로 드러나야 한다는 것이다. 한 문장으로 명확하고 효과적으로 미션을 표현할 수 있다면 매우 좋을 것이다. 하지만 미션을 짧게 압축하는 것이 현실적으로 불가능한 단체들도 있다.

사례 4-1에서는 실제 비영리단체의 미션선언문을 볼 수 있다. 선언문은 길이와 복잡성, 특수용어의 사용 여부나 구조에 따라 다양하게 분류된다. 각 선언문은 독창적으로 단체의 개성을 보여준다.

미션선언문은 주로 외부적으로 이용하기 때문에 보다 효과를 발휘하려면 소통대상 중심의 언어를 사용해야 한다. 즉, 단체가 어떤 단체이며, 무슨 일을 하는지 사람들이 이해할 수 있도록 소통대상의 관점에서 그들과 소통할 수 있는 언어로 만들어야 한다. 다음 질문들은 여러분의 단체에서 사용하는 미션선언문이 얼마나 효과적인지를 가늠하는 데 도움을 줄 것이다.

- 미션선언문이 현재 우리가 하는 일을 명백하게 표현하는가?
- 소통대상과 단체와 관련이 있는 사람들이 이해할 수 있는 언어를 사용하는가?
- 소통대상이 단체의 미션과 관련을 맺고 실천에 옮기거나 단체와 연결될 수 있도록 고무적인가?
- 우리의 가치, 포지셔닝, 개성을 반영하는가?

사례 4-1 비영리단체의 미션선언문 사례

슬로 푸드 USA

슬로 푸드 USA(Slow Food USA)는 고품질에 뛰어난 맛, 환경유지 가능성, 사회
정의의 원칙을 토대로 한 미래의 식품체계, 본질적으로 훌륭하고, 깨끗하며, 공정한
식품체계를 꿈꾼다. 우리는 산업화된 식품체제와 불건전한 식품의 파괴적인 영향에
서 벗어나 광범위한 문화적 변화를 촉진하려고 노력한다. 우리는 지속 가능한 식품
체제, 지역 토산식품, 식사의 즐거움, 더 느리고 더 조화로운 삶의 리듬이 주는 재
생적인 문화적, 사회적, 경제적 이득을 추구한다. [www.slowfoodusa.org]

브루클린 식물원

브루클린 식물원(Brooklyn Botanic Garden)의 미션은 이 공동체에 있는 모든 사
람들과 전 세계의 사람들에게 다음과 같이 봉사하는 것이다.

• 식물을 전시하고 높은 수준의 원예예술을 선보임으로써 대중에게 기쁨을 주고
  영감을 고취하기 위한 아름답고 다정한 모습을 제공한다.

• 식물에 관한 인간의 지식을 넓히기 위해 식물학을 연구하고 그 결과를 전문과학
  분야와 일반대중에게 널리 보급한다.

• 아이들과 성인에게 인기 있는 식물들에 관해 가르쳐주고 식물을 기르고 정원을
  아름답게 가꾸는 데 필요한 기술들을 이용 가능하도록 알려준다.

• 도시에 사는 사람들이 삶의 질을 높일 수 있도록 돕고 일상생활에서 식물을 재
  배하고 식물이 주는 즐거움을 느끼게 해준다.

• 지역과 세계의 자연환경이 파괴되기 쉽다는 대중적 인식을 적극적으로 고취시키
  고 자연을 유지하고 보호하는 방법에 관한 정보를 제공한다. [www.bbg.org]

베티 포드 센터

알코올 및 기타 약물에 의존하는 사람들에게 효과적인 치료 서비스를 제공한다. 치
료에는 교육 프로그램과 여성을 돕기 위한 연구 프로그램, 남성과 가족들이 재활과
정을 시작할 수 있도록 하는 프로그램도 포함된다.
[www.BettyFordCenter.org]

가치

가치는 한 사람 혹은 한 단체가 정서적으로 강하게 지지하는 신념이다. 가치는 단체가 일을 해나가는 방식과 특징을 형성하는 데 원칙적인 지침 역할을 한다.

'기회 어젠다'(The Opportunity Agenda)는 미국에서 좀더 많은 사람들에게 기회를 넓혀주기 위해 설립된 타이드 재단의 프로젝트이다. 이 프로젝트는 대중의 지지 구축, 비영리단체와의 협력, 조사연구를 진행하고 관련 정책 이슈에 영향을 미치기 위해 홍보업체나 미디어와 함께 활동한다.

평등이나 소속감을 핵심 가치로 생각하는 단체에서는 직원들에게 영향을 미칠 중대한 결정을 내리기 전에 모든 직원들이 토론에 참여하는 것이 합리적이라고 생각할 것이다. 마찬가지로 환경의 지속가능성이 핵심 가치인 단체에서는 SUV 차량을 생산하는 업체 등과 같이 환경보호 실적이 형편없는 업체와는 협력관계를 맺지 않는 것이 합리적인 처사일 것이다. 이런 단체에서는 재생용지에 콩 성분으로 만든 잉크로 인쇄하는 데 높은 가치를 부여할 것이다.

이러한 사례들은 가치가 일상생활과 의사결정에 어떻게 활력을 주는지를 보여준다. 가치는 단순히 추상적인 관념이 아니다. 일상업무에서 가치를 얼마나 확고하게 고수하느냐가 단체의 문화에 영향을 미치는 경우가 많으며 고위 관리직이나 경영진도 단체가 가치를 강조하는 정도에 따라 스스로의 경영방식에 가치의 중요성을 반영한다.

사례 4-2 기회 어젠다의 가치

우리는 진정한 기회에는 중요한 가치들에 대한 헌신적인 준수가 필요하다고 믿는다. 이 가치들은 인간 권리의 원칙들, 즉 평등한 대우를 받을 권리, 사회적 결정을 내릴 때 발언권을 가질 권리, 동등하게 시작할 권리, 기본적으로 필요한 것을 충족시킬 수단을 가질 권리 등과 밀접하게 관련이 있다.

유동성 – 삶을 시작하는 지점이 삶을 끝내는 지점을 결정해서는 안 된다. 유동성의 본질은 열심히 일하는 사람은 발전할 수 있으며 완전하게 사회생활을 할 수 있어야 한다는 믿음이다. 유동성이 있는 사회는 국민의 계급 구분이 유동적이어야 하고 계급의 세습을 예측할 수 없어야 한다.

평등 – 사회에서 얻는 이익이나 짐이 우리의 외모나 출생지에 따라 결정되어서는 안 된다. 평등에는 전형적인 모습에 도전하고 장벽을 무너뜨리면서 우리의 차이를 존중하는 자세가 필요하다. 평등에는 차별이 없어야 하며 공정함이 있어야 한다.

발언 – 우리 모두는 우리에게 영향을 미치는 결정들에 대해 발언할 권리를 가져야 한다. 우리의 발언권은 투표소에서, 공개 토론의 장에서, 모든 매체에서 들을 수 있어야 한다. 발언의 기회를 넓히려면 이곳에 사는 모든 사람들의 생각, 희망, 꿈에 귀 기울여야 한다.

속죄 – 모든 사람은 시간이 흐르면 성숙하고 변한다. 그리고 일이 잘못되었을 때에는 다시 시작할 기회가 주어져야 한다. 속죄를 받기 위해서는 모든 사람들이 자신들의 삶에 대한 완전한 책임감을 조성하고, 다시 만들고, 개선시킬 수 있는 환경을 제공해주어야 한다.

공동체 – 우리는 서로에 대한 책임감을 공유하며 우리 국가의 힘은 다양한 민족의 활력과 화합력에 달려 있다. 강한 공동체의식으로 우리는 기회란 개인의 성공에만 관련이 있는 것이 아니라 더불어 사는 공동체의 성공에도 관련이 있다는 사실을 이해한다.

안전 – 우리는 나와 가족이 기본적으로 필요로 하는 것들을 누릴 수단을 가질 권리가 있다. 경제적, 사회적 안전 없이 사회가 제공해야 하는 권리와 책임감에 접근할 수는 없다. 안전은 인간 존엄성의 핵심이다. [www.opportunityagenda.org]

일반적으로 가치는 사무국과 이사회의 리더들이 함께 결정하고 이사회가 승인한다. 이 과정은 주로 단체의 신념에 관한 대화에서 시작된다. 비영리단체에서 가치를 수립하는 과정을 시작하려면 이사회와 직원들을 적절하게 소집해야 한다. 이사회와 직원들의 수는 단체의 크기와 구조에 따라 정한다. 그룹 워크숍을 통해서 단체에서 업무가 행해지는 방식에 영향을 미치는 가치목록들을 만든다. 또한 "우리가 지금 하는 일과 그 일을 행하는 방법에서 중요한 가치들은 무엇인가?"라는 질문을 끊임없이 던지며 목록에 오른 가치들을 압축해나간다. 다른 단체와 가치를 비교하는 토론도 도움이 될 수 있다. 마지막으로 그 가치들이 더 이상 중요하게 취급되지 않을 때 구성원들이 조직을 떠나고 싶을 것이라 생각되는 가치들을 정의하고 토론한다. 이후 이 그룹에서 채택되고 이사회에서 승인을 받은 가치들을 메시징 플랫폼의 일부인 가치선언문(value statement)으로 공표할 수 있다. 메시징 플랫폼에 대해서는 5장에서 다루도록 하겠다.

단체의 가치가 변하는 경우는 드물다. 변하더라도 대부분 몇 년에 걸쳐 서서히 변화하며, 비전과 미션도 단체 문화의 변화를 주도하는 직원들이 두 번 정도 교체될 즈음에 한 번 정도 교체된다. 비전과 미션이 논의될 때마다 가치를 다시 검토하고 논의하다 보면 비영리단체의 가치가 타당성을 유지하고 있음을 확실히 해둘 수 있고, 단체 직원들이 가치를 매일 상기하면서 경영과 정책 결정의 방향을 정하는 데도 도움을 줄 수 있다.

목표

전략적 계획 프로세스는 종종 단체가 미션 완수를 위해 대상으로 삼아야 할 목표들이 정의된 계획서 작성으로 이어진다. 모든 목표들을 달성하면 미션이 성취되는 것이다. 단체의 목표는 연도별 예산과 사업 기획의 테두리를 잡는 데 매우 유용하다. 그리고 조직 수준의 다른 요소들과 마찬가지로 단체의 목표는 커뮤니케이션뿐 아니라 단체 업무의 모든 측면에 영향을 미친다. 이 체계가 있으면 다음 질문들에 대답을 하는 데도 도움이 된다.

- 다음 회계연도 목표들에 각각 필요한 자원과 활동들은 무엇인가?
- 예산이 모자란다면 어떤 목표에서 자금 변화를 줄 것인가?
- 새로운 프로젝트나 새로운 아이디어가 생기면 어떤 목표를 먼저 실행할 것인가? 이 목표들은 우선순위 목표들과 관련이 있는 것들인가?

사례 4-3은 근위축증 부모 프로젝트의 목표들을 보여준다.

단체의 직원은 각 회계연도 전에 이 목표들을 이용해 실행계획을 구상하고 이를 성취하기 위한 예산을 짠다. 그리고 이사회는 예산안을 검토하고 승인한다. 덧붙여 새로운 아이디어나 프로젝트가 제안되면 직원들은 이 목표들을 이용해 그 아이디어나 프로젝트가 단체가 하는 일과 일치하는지, 어떤 자원을 할당해야 하는지를 결정할 수 있다.

목표가 커뮤니케이션 결정에 어떻게 정보를 제공하는가

목표가 있으면 업무의 우선순위를 정하고 미션의 변화를 더 쉽게 파악할 수 있으며, 어떤 커뮤니케이션 수단이 미션 이행과 가장 밀접한 관련이 있는지 결정하는 데에도 도움이 된다. 예를 들어 수년 동안, 근위축증 부모 프로젝트는 '뒤시엔느 근위축증 환우들을 위한 후원단체' 만들기를 우선순위의 목표로 삼았다. 이 목표 때문에 소셜 네트워크 사이트가 생겼다(community. parentprojectmd. org). 근위축증 부모 프로젝트 회원들은 이 사이트에서 대화를 나누고, 사진이나 동영상

자료를 올리고, 질문을 하는 등 서로를 돕고 있다. 이 단체의 장은 블로그 활동도 활발하게 하며, 근위축증 부모 프로젝트 회원들과 대화도 적극적으로 하고 있다.

목표 규정하기

비영리단체의 비전, 미션, 가치관, 목표 등은 보통 리더들이 컨설턴트나 외부의 조언자 등의 도움을 받아 정하는 경우가 많으며, 보통 전략적 계획 프로세스를 통해 정한다. 이 프로세스에서 목표의 규정은 미션을 성취하기 위해 반드시 이루어야 하는 구체적인 세부 목표들을 풀어 제시함으로써 목표를 손에 잡힐 듯 선명하게 한다. 목표를 명확하게 규정해두면 회계연도가 시작하기 전에 계획을 수립하거나 예산을 짜는 데 효과적으로 이용할 수 있다. 뿐만 아니라 이는 연중 발전 정도를 평가하고, 단체가 새로운 도전과 기회를 맞아들일지 혹은 맞아들이지 않을지를 결정하는 데에도 도움이 된다.

목표 다듬기

새 회계연도가 시작하는 기간처럼 변화가 일어나는 시기나 계획을 짜는 기간에만 목표들을 꼼꼼하게 검토하고 그 이후에는 이를 그냥 보류하고 방치하는 경우가 있는데, 그래서는 안 된다. 리더들은 목표를 이사회의와 직원회의 시 진행과정을 보고하기 위한 기준틀로 이용할 수 있으며, 주요부서의 업무를 벤치마킹할 때도 이용할 수 있다.

시간이 흐르면 다른 목표들에 비해 더욱 필수적이고 적극적으로 행하게 되는 목표들이 생기는 경우가 많다. 이런 목표들은 반복해서 논의되며 직원과 예산도 필요한 만큼 충분히 할당된다. 다가올 회계연도에 필요한 계획을 짤 때, 각 목표들이 얼마나 활발하게 추진 중인지 얼마나 타당한지 등에 관한 논의를 하면 예산에 필요한 정보를 구할 수 있을 뿐 아니라 목표들을 전반적으로 세세하게 검토하는 시간을 가질 수도 있다.

소통대상

비영리단체들은 대부분 소통대상이 될 만한 개인이나 단체를 직감적으로 알아본다. 소통대상은 다음 세 부류로 나뉜다.

- 모금 대상 : 개인, 기업, 재단, 정부기관(혹은 이들의 조합)
- 프로그램 대상 : 수혜자, 개인, 단체 서비스를 받는 조직, 후원자, 단체 회원(혹은 이들의 조합)
- 애드보커시 대상 : 단체의 리더, 정책결정자, 매체, 주요 영향력을 행사하는 사람(혹은 이들의 조합)

소통대상과 목표를 연결하기

비영리단체에서 공식적으로 소통대상을 명확하게 표방하거나 이들을 특정 목적과 연관 짓는 일은 드물다. 하지만 이러한 일에는 그다지 오랜 시간이 필요하지 않으며, 이는 오히려 명확성을 주어 나중에 정체성 수준과 경험적 수준의 커뮤니케이션에 소비하게 될 시간과 돈을 절약해준다.

예를 들어 근위축증 부모 프로젝트 단체는 그들의 목표와 미션을 달성하기 위해 반드시 다음 소통대상들과 효과적인 커뮤니케이션을 해야 한다.

- 뒤시엔느 근위축증을 앓는 개인과 그 가족들
- 뒤시엔느 근위축증을 연구하는 과학자들과 교수들
- 정책결정자와 직원들
- 뒤시엔느 근위축증에 집중하는 다른 비영리단체들
- 모든 자금제공자들
- 건강과 과학 문제를 다루는 매체

이 소통대상들은 뒤시엔느 근위축증에 관심이 있는 다양한 부류의 사람들이다. 만약 여러분이 성공적으로 목표를 달성하기 위해 비영리단체가 반드시 커뮤니케이션을 해야 하는 소통대상 집단이나 개인 목록을 만들었다면 누가 그 대상이 되겠는가?

비영리단체들은 대부분 다양한 소통대상이 있으며 이 대상들이 겹치거나 중복되는 일은 거의 없다. 예를 들어, 수혜자는 기부대상과 완전히 다르다. 이러한 대상의 다양성 때문에 커뮤니케이션은 더욱 복잡해진다(사실 개인적으로 나는 이것이 비영리단체의 커뮤니케이션이 다른 영리단체들보다 훨씬 더 어려운 이유라고 생각한다. 영리를 추구하는 단체의 활동은 대부분 하나의 소통대상에 도달하기 위해 집중되어 있는 경우가 많다. 바로 고객에게 말이다).

소통대상의 페르소나 이용하기

비영리단체 직원들은 소통대상에 관해 언급할 때 기부자, 회원, 수혜자, 블로그 운영자 등과 같이 비인격적인 수식어를 사용하는 경향이 있다. 하지만 이러한 구분은 자칫 지나치게 광범위하고 단체의 필요만을 반영하는 것처럼 보일 수 있다. 물론 단체를 후원해줄 기부자들, 단체와 함께 갈 수혜자들도 필요하다. 하지만 이들이 단체에 원하는 것은 무엇인가? 그들이 단체와 관련을 맺은 것은 무엇 때문인가? 비영리단체에서 일하는 사람들이 쉽게 망각하는 사실이 있다. 바로 단체 외부에도 살아가는 사람들이 있으며, 어쩌면 기부자라고 하는 공통점을 가진 이들이라 할지라도 여러 가지 이유로 단체에 관심을 갖는 이유가 극단적으로 다를 수도 있고, 단체에 바라는 결과나 이익 또한 매우 다를 수 있다는 점이다.

소통대상의 페르소나(가상인물)를 만들면 보편적인 수식어로 대상을 규정하는 대신에 소통대상 중심의 관점에서 단체를 생각할 수 있게 된다(소통대상 중심주의는 2장과 6장에서도 논의하고 있다). 먼저 기부자에 대해 생각해보자. 여러분의 단체를 후원하는 사람들은 보통 어떤 유형의 사람들인가? 이해하기 쉽도록 세분화된 하위 부류로 분류되어 있는가? 예를 들어 기부자 그룹의 회원들을 지역주민, 중산층, 특정 문제와 관련이 있는 사람, 연간 100달러 이하의 기부금을 흔쾌히 낼 수 있는 사람 등으로 분류할 수 있는가? 그렇다면 각 유형의 집단을 대표하는 사람의 이름과 사진을 넣어보라. 실제 기부자의 이름과 사진을 이용해도 좋고 인터넷에 있는 사진에 가명을 이용해도 좋다. 사진 아래에 가상의 대표 기부자에 관한 아이디어와 이 기부자가 여러분의 단체와 관계를 맺도록 동기를 부여하려면 어떻게 해야 하는지에 관해서도 적어보자. 가령 기부자가 여성이라면 미혼인가? 아이가 있는가? 직업은 무엇인가? 취미는 무엇인가? 단체에 무엇을 후원하는가? 그 사람은 몇 번 정도 단체의 소식을 접하고 싶어 하며, 선호하는 단체 소식 경로는 무엇인가?

예를 들어, 시민문화회관에서 메리라는 가상의 지역주민에 맞는 페르소나를 만든다고 가정해보자. 메리는 기혼이고, 10대인 두 명의 자녀가 있으며, 직장에 다니고, 남편 역시 직장에 다닌다. 메리는 늘 바쁘게 다녀야 하고, 업무를 확인하고 관리하기 위해 언제나 블랙베리 휴대폰을 이용한다. 메리와 남편은 자신들이 속한 공동체를 더욱 안전하게 만들고 싶어하며 지역활동에도 적극 참여한다. 이 페르소나는 어느 특정 개인이 아니라 프로그램 참가자들과 기부자들에 대한 단체 직원들의 경험을 토대로 한다.

메리에 관한 정보(메리와 비슷한 유형의 사람들의 정보)로 볼 때 직접 전화를 거는 것보다는 문자 메시지나 이메일 등의 디지털 방식으로 접근하는 것이 더 낫다고 추측할 수 있다. 또한 12페이지짜리 소식지처럼 읽는 데 시간이 많이 걸리는 긴 커뮤니케이션 수단보다는 짧고 집약적인 커뮤니케이션 수단을 선호할 것이라는 사실도 추정할 수 있다.

소통대상에 관한 페르소나를 만들어두면 '기부자'처럼 추상적인 집단을 동기, 좌절, 기대 등의 감정이 있는 실제 인물로 구체화해서 생각하는 데 도움이 된다. 소통대상의 유형을 대략적으로 5~10개 정도로 구분하는 것이 좋다. 물론 제한된 수의 페르소나로 모금을 하는 사람, 프로그램을 지지하는 사람 등 모든 사람들을 다 나타낼 수는 없지만 브랜드레이징을 할 때에는 이런 구분이 매우 도움이 된다. 새로운 커뮤니케이션 수단을 만들 때는 상대의 입장이 되어 질문을 하며 상대에 대한 페르소나를 활용하라. 예컨대, '이 사람이 우리 웹사이트에서 원하는 것은 무엇일까?', '이 사람은 우리를 어떤 경로로 알게 되었을까?', '이 사람이 우리 소식지에 관심이 있을까?' 등을 생각해보라. 좀 더 쉽게 참조하기 위해 벽에 각 페르소나의 특징들을 적어두고 보는 방법도 있다. 각 소통대상과 소통하는 방법에 관해 보다 현명한 의사결정을 내리고 싶다면 소통대상의 입장에서 위의 질문들을 해보라.

비영리단체는 인터뷰, 여론조사, 심사 등 공식적 혹은 비공식적인 조사를 통해 소통대상의 페르소나에 관한 기초자료를 얻을 수 있다. 실제 자료를 이용해서 자료를 구축할 경우 생기는 가장 뚜렷한 장점은 자료의 신뢰성이 생긴다는 점이다.

또한 소통대상에게 커뮤니케이션에 관한 피드백을 요청하는 것도 도움이 된다. 예를 들어 기부자들에게 기부나 기증을 요구할 때에는 직접 얼굴을 보며 요청한다. 하지만 이들이 기부를 하고 난 후 단체의 이사나 각 부서 담당자들이 새로운 소식지 등 커뮤니케이션 수단에 관해 그들의 의견을 물어보는 경우가 얼마나 되는가? 일부 단체들은 로고나 핵심 메시지, 웹사이트 디자인, 기타 브랜드레이징 요소들을 개발하면서 개인들이 이 디자인에 어떤 반응을 보이는지를 알아보기 위해 개발단계부터 함께 디자인을 공유하기도 한다.

포지셔닝

1980년, 세계적으로 가장 존경받는 두 명의 경영전문가 잭 트라우트(Jack Trout)와 알 리스(Al Ries)는 《포지셔닝》(Positioning)을 출간했다. 이들은 이 책에서 포지션이란 '소통대상의 마음에 자리하기를 바라는 하나의 개념'이라고 정의했다. 포지셔닝의 본질은 차별화라고 하는 목표이다. 즉, 소통대상들이 보았을 때 다른 경쟁업체들과는 다른 그 업체만의 모습이라고 할 수 있다. 비영리단체에게는 포지셔닝이라는 개념이 익숙하지 않지만 포지셔닝은 비전, 미션, 모금을 위한 커뮤니케이션 등 조직 수준의 요소들 사이의 차이를 메워주는 데 매우 유용한 역할을 한다.

사람들에게 '적십자'(Red Cross) 라는 이름을 들으면 무엇이 떠오르는지를 물어보면 대부분 '재해 원조'라고 대답할 것이다. '소아마비구제모금운동'이라는 단체의 이름을 들으면 대부분 '선천적 기형과의 싸움'이라고 대답할 것이다. 적십자나 소아마비구제모금운동 모두 단체가 수십 년 동안 대중의 인식에 쌓아온 명확한 포지션을 잘 보여주는 사례라 할 수 있다. 영리를 추구하는 기업들은 포지셔닝을 '독점제품'(USP: *Unique Selling Proposition*) 이라고도 한다. 광고산업을 벗어나 마케팅 관점에서 본 것이다. 독점제품이란 말 그대로 한 제품을 다른 제품과 차별화하는 것이다. 존슨 앤 존슨(Johnson & Johnson) 사는 '노 모어 티어스'(*no more tears*) 포지셔닝을 통해 자사의 제품은 아기들의 눈을 맵게 하지 않을 것이라며 경쟁사의 다른 유아용 제품들과의 분명한 차별화를 통해 수십 년 동안 유아용 샴푸 시장의 리더 자리를 확고히 하였다. 이와 유사한 사례는 또 있다. 아이보리(Ivory) 비누 역시 수십 년 동안 '99.9% 순수한' 제품임을 강조하며 비누 시장의 리더 자리를 굳건히 지키고 있다. 순수한 비누를 원하지 않는 사람이 어디 있을까?

　포지셔닝은 여러분의 단체만이 가진 독창적인 점과, 소통대상들에게 인식시켜주고자 하는 단체의 큰 이상을 파악하게 해준다. 예를 들어 국제뇌종양협회(National Brain Tumor Society) 의 포지셔닝선언문은 다음과 같다. "국제뇌종양협회는 뇌종양 관련 주요 연구를 지원하고 뇌종양을 앓는 사람들이나 가족들에게 포괄적인 서비스를 제공하는 미국 내에서 가장 선두적인 단체이다." 국제군인가족연합의 포지셔닝선언문도 마찬가지이다. "국제군인가족연합은 군인가족의 입장을 옹호하고 필요를 충족시켜주는 단체로, 군인가족들의 목소리를 대변한다."

포지셔닝 이용하기

일단 포지셔닝을 규정하고 나면 이는 정체성 수준과 경험적 수준의 커뮤니케이션에서 전략적 척도 역할을 한다. 단체에서 시각적 정체성을 변경한다면, 새로운 로고와 커뮤니케이션에 필요한 요소들을 정하는 디자인팀과 포지셔닝을 반드시 함께 고려해야 한다. 로고 안들이 제시되면 단순히 주관적인 평가를 하는 것이 아니라 포지셔닝에 비추어 평가할 수 있다. "이 로고 디자인들 중 어떤 것이 우리의 포지셔닝을 가장 정확하게 보여주는가?"라는 질문에 초점을 두고 논의를 하면 논의에 참가한 사람들은 "로고를 보니 어릴 적 내 방에 있던 카펫이 생각나는군" 혹은 "브라운 색은 정말 싫어" 등과 같은 주관적인 의견을 버리고 단체가 공유하는 더욱 생산적인 관점에서 평가하게 된다.

또한 이 질문은 경험적인 수준에서 단체의 전략적 업무를 평가하는 데도 도움이 된다. 예를 들어 새로운 브로슈어, 소식지 디자인, 공익광고(PSA) 혹은 브랜드레이징 구성요소들 중 다른 시각적인 요소들을 검토할 때에도 이 질문을 적용할 수 있다.

포지셔닝과 미션의 차이

포지셔닝이라는 단어는 표현 자체가 '리더'나 '유일한' 등과 같은 표현처럼 같은 분야에 있는 단체나 프로그램 파트너, 기타 대중들의 감정을 자극하는 대담하고 거만한 느낌을 풍기기 때문에 공개적으로 사용하지 않는다. 하지만 포지셔닝이라는 말이 주는 확신에 찬 느낌이 직원들이나 이사회에게 최고의 자리를 향한 열정에 촉매제 역할을 하기도 한다. 포지셔닝은 산 정상에 깃발을 꽂아 단체의 영역을 주장하는 행위와 같다. 영역을 주장하는 행위는 경쟁적이거나 오만해 보일 수도 있지만 의도적으로 자주 이용되기 때문이다. 이와 대조적으로 미션선언문은 공유하기 위해 작성하는 것이다. 미션선언문과 포지셔닝선언문이 비슷한 개념을 표현하는 것이긴 하지만 미션선언문은 단체의 업무를 더욱 심오하고 복합적인 맥락에서 표현한다.

포지셔닝 규정하기

포지셔닝은 명확한 미션과 미션을 고취시켰던 비전에서 만들어져야 한다. 만약 비영리단체의 미션이 변하고 있고 이를 다시 만드는 기간이라면, 명확한 포지셔닝을 만들기에는 시기가 적절하지 않다(66쪽 브랜드레이징과 전략적 계획의 관계 부분 참조).

단체 내부적으로는 포지셔닝을 규정하기가 매우 어려울 수도 있다. 단체의 직원이나 이사회는 단체의 업무에 관해 세부적인 부분까지 밀접하게 관련을 맺고 일하다보니 순수하게 본질적인 부분까지 파고들어 일하기가 쉽지 않은 경우도 많다. 컨설턴트라면 단체 자료를 꼼꼼하게 조사하고, 경쟁단체나 동반관계에 있는 단체들을 검토하고, 운영진과 논의하고, 그 외에 더 많은 부분을 추가조사하면서 포지셔닝을 만들 것이다. 현실적으로 컨설턴트와 작업하는 것이 여의치 않다면 토론이나 문서 등을 통해 이사회 구성원들과 직원들에게 얻은 아이디어로 반복적인 과정을 거쳐 포지셔닝 작업에 접근하는 것이 가장 좋은 방법이다. 이 아이디어들을 토대로 커뮤니케이션 담당 총괄자나 자원개발 담당 총괄자, 혹은 실무 총괄자 등과 같은 개인 혹은 한 부서에서 포지셔닝의 초안을 작성하고, 리더들이 모여 토론을 하며 세부적인 사항들을 정리해나간다.

개 성

몇 년 동안, 애플(Apple) 사에서는 두 사람이 나와 이야기를 나누는 설정의 광고 캠페인을 진행한 적이 있다. 한 사람은 편한 차림새에 유행하는 머리스타일, 청바지 차림으로 "안녕, 난 맥(Mac) 이야"라고 자신을 소개했다. 그 옆에는 덥수룩한 겉모습을 한 사람이 서 있었다. 유행 지난 정장에 촌스러운 안경을 쓴 그는 "안녕, 나는 피씨(PC) 야"라고 자신을 소개했다. 애플 사는 일반 PC와 다른 애플 컴퓨터만의 개성을 부각시키고 싶어 했고, 이 두 사람의 모습으로 그 개성을 구체화해서 보여주었다. 주로 맥(Mac)은 격식을 갖추지 않고, 편안하며, 최신 유행에 밝고, 기능적인 모습을, 피씨(PC)는 세상물정에 어둡고, 딱딱하고, 격식을 갖추고, 최첨단과는 전혀 동떨어진 모습을 보여준다. 이 광고 캠페인은 영리기업 세계에서 조직의 특징을 창의적으로 보여주는 아주 훌륭한 사례이다.

개성이란 단체가 사람들에게 인식시켜주고 싶은 스스로의 모습을 반영한 속성들의 목록이라고 규정할 수 있다. 온실가스 감소라고 하는 동일한 미션을 가진 두 단체가 있다고 가정해보자. 한 단체는 신중하고, 믿을 수 있고, 포괄적이며, 의지할 수 있고, 전문적인 개성을 추구하려 하고, 또 다른 단체는 책임감 있고, 민첩하며, 혁신적이고, 통찰력이 있으며, 풀뿌리 정신에 입각한 개성을 추구하고 싶어 한다. 이 경우 모두 긍정적인 특징을 반영하지만, 두 단체는 본질적으로 전혀 다른 단체이다.

개성 이용하기

비영리단체의 개성을 규정하는 형용사들은 단체의 정체성 수준에서 일어나는 일들을 고양시키는 데 이용되어야 한다. 미션은 비슷하지만 개성은 전혀 다른 두 단체의 사례를 더 보자면, 앞서 언급한 두 단체 중 첫 번째 단체는 장식을 절제한 로고 디자인, 연한 색상, 간결하면서도 호소력 있는 문구, 보수적이거나 격식을 갖춘 느낌을 주는 문체를 이용할 것이다. 두 번째 단체는 현대적인 디자인 요소와 글씨체,

오렌지나 라임그린 같은 색상 등을 이용할 것이며 격식이 없고 최신 흐름을 반영한 언어가 어울릴 것이다. 또한 논란의 여지가 있는 명칭을 프로그램에 사용하거나 잡음이 생길 만한 이미지, 아이디어, 언어 등을 사용하는 경우도 있을 것이다(커뮤니케이션에서 개성을 이용한 일상의 실천사항들에 관해서는 7장에서 더욱 상세히 다루었다).

개성 규정하기

올바른 개성은 단체의 실제 모습과 대중에게 인식시키고자 하는 모습 모두를 반영한다. 개성을 지나치게 이상적으로 규정하면 거짓말 같은 느낌을 주며, 단체 업무와도 단절된 느낌을 줄 것이다. 또한 단체는 단점이 아닌 장점을 부각시키는 데 최선을 다해야 한다.

단체의 개성을 규정하는 일은 인터뷰와 전화, 핵심 구성원과의 회의 등을 통해 시작할 수 있다. 이사회 전원과 전 직원까지는 아니더라도 최소한 임원급 직원들이 이 과정에 참여해야 한다. 그리고 참여한 사람들에게 그들이 원하는 단체의 미래상을 시각적으로 표현해볼 것을 요청하라(이는 어쩌면 단체의 이상적인 모습이 될지도 모른다).

질문 목록은 다음과 같다.

- 미래의 단체에 주제가가 있다면 어떤 음악일 것 같습니까? 왜 그렇게 생각하십니까?
- 단체의 마스코트나 단체를 상징하는 동물이 있다면 무엇일 것 같

습니까? 왜 그렇게 생각하십니까?

- 우리 단체를 자동차에 비유한다면 어떤 유형의 자동차이며 무슨 색이라고 생각하십니까? 왜 그렇게 생각하십니까?

이러한 질문을 받고 대수롭지 않게 넘기거나 웃는 사람들도 있을 것이다. 아마 처음부터 질문의 요지를 파악하는 이들은 별로 없을 것이다. 사람들이 질문에 대답을 할 때 그들이 사용하는 형용사들을 종이에 적어라. 가장 중요한 것은 무슨 노래인지, 어떤 동물이나 자동차를 말하는지가 아니다. 그러한 것들을 고른 '이유'가 핵심이다. 이 이유가 단체의 개성을 말해줄 것이다.

이 과정을 마칠 즈음이면, 단체를 설명하는 형용사나 수식어구들 목록이 생길 것이다. 참가자들이 비슷한 비전을 공유하고 있다면 선택 내용과 사용한 언어가 중복될 것이며, 그러면 특정 주제가 명료하게 드러날 것이다. 과정에 참가한 사람들의 의견이 서로 다르다면 단체가 바라는 개성을 규정하는 목록에 동의하기 힘들 것이다. 이 경우에는 더 많은 토론이 필요하다.

다른 단체들과 차별화를 위해 개성 이용하기

군인가족연합을 규정하는 용어들은 '책임감 있는, 정직한, 믿음직한, 근엄한, 진지한, 권위적인, 애국심이 강한, 회복력이 빠른, 전사이자 수호자인, 이해심이 있는, 전체적인, 풀뿌리 정신이 있는' 등이다. 이러한 형용사들로 무장한 단체의 직원들은 자신들이 만든 커뮤니케이션 수단을 훨씬 더 효과적으로 평가할 수 있다. 예를 들어, 군인가족연합은 특수용어가 아니라 간결하고 직접적인 언어 사용을 분명히 하기 위해 더욱 노력한다. 이 단체의 직원들은 풀뿌리 정신과 정직함이 묻어나는 글을 대중에게 보여주고 싶어 한다. 같은 맥락에서 단체의 애국적인 본질을 강조하기 위해 국기의 색상을 형상화한 디자인을 이용할 것이다. '브나이 제슈룬회'(Congregation B'nai Jeshurun)의 경우 '포괄적인, 진보적인, 전통적인, 변치 않으면서도 혁신적인, 역동적인, 생기 있는, 고무적인, 랍비 주도적이면서도 참여적인, 공동체, 가치 주도적인, 사회적 합의와 사회적 활동, 음악적인, 도전적인, 끊임없이 진화하는, 개인적인, 인간적인, 재미있는, 다정한, 즐거운, 영감을 주는, 신실한, 부지런한, 내용이 풍부한, 연결통로, 태피스트리,▪ 카바나 명상' 등이 단체의 개성을 설명하는 용어였다. 단체의 개성을 규정한 후, 브나이 제슈룬회는 이 개성 중 '포괄적이고', '공동체적인' 소통을 하기 위해 다양한 방식으로 단체의 모임과 활동상을 이용하기 시작했다. 함께 태피스트리를 짜는 모습을 시각화하기 위해 사진을 주로 이용했으며 사진에는 사람들의 얼굴뿐 아니라 유대교 율법인 토라(Torah), 사람들이 함께 춤추는 모습 등을 담았다.

국제군인가족연합과 브나이 제슈룬회 모두 개성을 규정하기 위해 단체가 추구하는 수식어들을 이용하기도 했지만, 다른 단체에서 보편

▪ 역주— 색실로 그림을 짠 직물.

적으로 사용하는 수식어와는 사뭇 다른 언어들도 있었다. 단체의 개
성에는 다른 단체와 차별화되는 면이 있어야 하며, 모든 커뮤니케이
션의 어조와 스타일을 정할 수 있어야 한다.

일상업무활동의 토대

대부분의 단체들이 조직적 수준에서 모든 요소들을 완전하게 규정하
지 않고 있다. 비영리단체는 비전과 미션은 고려하지만 가치, 목적,
소통대상, 포지셔닝, 개성 등에 관심을 거의 두지 않는 경우가 많기
때문이다. 이러한 단체들의 운영방식은 근시안적이다. 또한 조직적
수준의 요소들은 중대한 변화의 시기나 전략적 계획을 짜는 기간에만
가끔 검토하는 경우가 흔하다. 그런 시기에만 조직적 수준의 요소들
을 몇 가지 골라 갑자기 확장하고, 엄중하게 실행하는 것은 마치 내내
졸다가 어쩌다 한 번씩 벌떡 일어나 그날의 업무를 하는 것과 같다.

　장기적 관점으로 운영되는 단체는 조직적 수준의 문제들을 붙잡고
고군분투한다. 이런 단체는 가치를 명백하게 하고, 목표를 설정하고,
소통대상을 이해하고, 포지셔닝과 개성을 파악하는 등 조직적 수준의
요소를 더 깊숙하게 성찰한다. 여기에 조직적 수준과 정체성 수준 그
리고 경험적 수준 요소들 사이에 실질적인 연결고리를 만들어 깊이와
규모를 더한다.

일상적인 커뮤니케이션

조직적 수준은 일상적인 커뮤니케이션과 단체의 모든 업무들의 토대가 되는 전략적 기반이다. 브랜드레이징은 조직적 수준의 요소들과 일상의 커뮤니케이션 업무를 연결하는 일종의 다리 역할을 한다. 예컨대, 브랜드레이징은 직원이나 이사들로 하여금 소식지, 이메일, 캠페인, 연차 보고서 등을 만들 때 이를 단체의 비전이나 미션과 연결하도록 돕는다.

직원들이 점차 늘어나고 새로운 부서가 생기다 보면 단체는 보통 커뮤니케이션을 중앙 집중화하기 시작한다. 그렇게 되면 직원들이 계획성 없이 닥치는 대로 자료를 만들게 내버려두지 않고 정체성 수준과 경험적 수준의 커뮤니케이션의 책임 소재를 분명히 하기 시작한다. 먼저 자원개발 담당 총괄자나 각 업무 담당 최고책임자들이 직무분석표에 있는 커뮤니케이션 수단들의 책임자를 분명하게 규정하며 시작할 수도 있다.

누가 커뮤니케이션 책임자인지 규정하는 일은 업무를 집중화하고 책임 소재를 명백하게 하는 데 도움이 된다. 하지만 이는 일련의 과정 중 한 부분일 뿐이다. 반사적 혹은 주관적인 업무가 아니라 전략적인 업무에 이용될 수 있는 기틀을 만들려면 잘 만들어진, 실질적인 조직적 수준의 요소들이 필요하다. 그렇지 않으면 커뮤니케이션 담당자들은 단체의 비전, 미션, 가치관, 목표, 소통대상, 포지셔닝, 개성 등이 아니라 개인적인 직관과 관점에 근거해 의사결정을 내리게 된다.

일상의 커뮤니케이션을 조직적 수준의 브랜드레이징과 연관 짓기 위해 아래 질문들을 점검해보라.

- 어느 커뮤니케이션 아이디어가 우리의 비전, 미션, 가치관과 가장 효과적으로 통하는가?
- 이 활동이 우리의 목표를 얼마나 지지하는가?
- 어느 아이디어가 우리의 소통대상들과 가장 가까운가?
- 어느 아이디어가 우리의 포지셔닝을 가장 잘 반영하는가?
- 어느 아이디어가 우리의 개성을 가장 잘 반영하는가?

조직적 수준의 브랜드레이징 준비하기

보통 단체들은 정체성 수준이나 경험적 수준에서 브랜드레이징을 하기 위해 커뮤니케이션에 변화를 주기 시작한다. 조직적 수준의 요소들을 다시 점검하거나 처음으로 그 요소들을 규정하다 보면 그 과정이 더 길어지긴 하지만 궁극적으로는 장기적인 성공을 보장해준다.

아래의 질문들은 브랜드레이징을 시작하기 적절한 시기인지 아닌지를 결정하는 데 도움이 될 것이다.

- 우리는 지금까지 비전, 미션, 가치관, 목표, 소통대상, 포지셔닝, 개성을 얼마나 공식적인 것으로 여겨왔는가? 이 요소들을 다시 고찰하거나 규정하기에 지금이 적절한 시기인가?

- 조직적 수준에서 브랜드레이징의 가치에 대해 단체의 운영진들 간에 전반적인 합의가 이루어졌는가?
- 이사회와 직원들이 지금 자기성찰, 자아발견, 자기개발 등을 하고 있는가?

일단 브랜드레이징을 추진하기로 결정했다면 이 과정을 이끌어줄 경험 있는 컨설턴트, 직원, 이사 등이 필요하다. 보통 비전, 미션, 가치관, 목표에 관한 업무는 전문적이고 전략적인 계획에 의해 관리될 가능성이 더 크다. 업무 담당자의 경험 수준이나 관점, 단체의 문화 등에 따라 그 과정에 며칠, 몇 주 혹은 몇 달이 걸릴 수도 있다. 이 과정에는 토론과 조직적 수준 요소들에 대한 초안 작성하기, 초안을 대입하여 세부적으로 다듬기, 접근방법에 대한 동의 구하기 등이 포함된다. 이 일을 당장 할 사람이 없다 해도 다음 몇 가지 사항을 참조하길 바란다.

- 브랜드레이징 작업을 하기 전에 이 작업을 이해시키고 지지를 확보하기 위해 그 과정에 대한 경영진의 동의를 구하고 이사회와 각 부서의 리더들과 토론하라. 이 과정은 단체의 문화와 업무방식을 반드시 반영해야 한다(예를 들어, 격식을 갖춘 업무방식인지, 격식 없이 편한 방식인지, 연구 위주인지, 포괄적인지 등).
- 누가 어떤 업무를 할 것인지, 언제까지 할 것인지 명확해야 한다. 맡은바 역할을 명확하게 규정하고 각 날짜별로 할당된 업무를 표

시하는 업무달력을 만들어라.

- 모든 이해당사자들이 개인적인 기준에서 판단하지 않고 신중한 관점으로 올바르게 관점을 공유할 수 있도록 브레인스토밍 시간, 토론, 온라인 동호회 등 모임을 만들어라.

이 과정에서 생기는 결과는 반드시 서류로 만들어 단체 운영진의 승인을 받고 단체의 비전, 미션, 가치관, 목표, 소통대상, 포지셔닝, 개성을 명확하게 규정해야 한다.

요약

비전, 미션, 가치관 등은 리더십 차원의 토론을 통해 검토되어야 한다. 일단 합의가 되면 효율적인 커뮤니케이션에 있어서 필수 요소인 선언문으로 옮겨 적을 수 있다. 하지만 이 과정에서 세부적인 것들이나 의미론적인 이야기는 정확하게 밝히지 않는다는 점이 중요하다.

조직 목표를 수정하는 것은 커뮤니케이션 계획을 위해서도 필수적이다. 생산되는 모든 인쇄, 출판물을 가시적인 세부목표에 맞추어야 하기 때문이다. 목표는 예산과도 긴밀히 관련되어야 한다. 성공적으로 목표를 달성해간다는 것은 미션을 성취해가고 있다는 중요한 증거이다.

단체에서는 소통대상을 기부자, 수혜자, 자원봉사자 등과 같이 광범위한 분류로 지나치게 단순화하는 경우가 많다. 소통대상들의 이름과 얼굴, 개인적인 개성까지 세세하게 분류하면(즉, 대상의 페르소나를 만들면) 소통대상이 단체에 원하는 것이 무엇인지, 대상 중심의 관점에서 소통할 수 있는 방법은 무엇인지를 파악하는 데 도움이 된다.

포지셔닝과 개성은 영리단체에서 기업의 정체성과 전반적인 커뮤니케이션 수준을 넘어 전략을 파악하기 위해 오랫동안 사용해오던 방법이다. 포지셔닝과 개성을 규정하면 정체성과 경험적 수준의 브랜드레이징을 할 때 유용한 전략적 방침을 만들 수 있다.

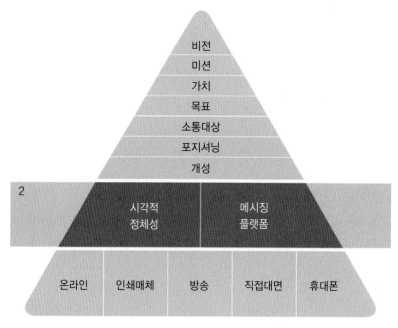

비전

미션

가치

목표

소통대상

포지셔닝

개성

2

시각적
정체성

메시징
플랫폼

온라인   인쇄매체   방송   직접대면   휴대폰

2. **정체성 수준**: 대부분의 사람들이 브랜드와 연관 지어 생각하는 것들. 특히 시각적
　　정체성과 메시징 플랫폼

제5장

정체성
수준의
브랜드레이징

정체성 수준의 브랜드레이징에서는 시각적 정체성과 메시징 플랫폼 이 두 분야를 다룬다. 시각적 정체성과 메시징 플랫폼에는 사람들이 브랜드라는 단어를 듣고 연상하는 커뮤니케이션 요소가 포함된다.

- 시각적 정체성에는 단체의 로고(관련된 프로그램 로고), 컬러, 글 씨체, 이미지(사진 등), 선호하는 그래픽 등이 포함된다.
- 메시징 플랫폼에는 단체의 이름(관련된 프로그램 이름), 표어, 비 전선언문, 미션선언문, 가치선언문, 핵심 메시지, 상용문구, 용 어집, 엘리베이터 피치▪ 등이 포함된다.

▪ 역주—CEO나 주요 인물과 함께 엘리베이터를 탔을 때 짧은 시간 안에 효과적으로 자신의 아이디어를 설명할 수 있을 정도의 짧고 효율적인 소개문 혹은 소개행위.

시각적 정체성과 메시징 플랫폼은 각각 그 자체로도 책 한 권을 낼 수 있을 정도로 매우 가치 있는 분야이다. 5장의 목표는 비영리단체의 시각적 정체성과 메시징 플랫폼을 운영하고 개발하는 담당자들을 위한 조언에 필요한 요소들을 개괄적으로 살펴보는 것이다.

정체성 수준에서 브랜드레이징의 중요성을 알아보기 위해 최근 몇 년 사이에 모금에 가장 강력하게 영향을 미친 사례를 살펴보도록 하겠다. 바로 버락 오바마(Barack Obama) 미 대통령의 대선 캠페인이다. 21개월 동안 5억 달러라는 기금을 조성한 이 캠페인을 다룬 책들은 이미 많이 나와 있다. 약 300만 명의 기부자들이 650만 번의 모금을 통해 5억 달러를 모았다. 이 중 600만 번의 기부는 대략 100달러 미만의 기부금들로 이루어졌으며, 온라인 모금의 경우 평균 기부금은 한 사람당 80달러였다. 또한 오바마 지지자들은 평균적으로 한 번 이상의 기부를 했다. 오바마는 구식 방법인 오프라인 방식으로도 기금을 조성했지만, 6억 달러가 넘는 어마어마한 모금액은 대부분 온라인에서 조성되었다〔바르가스(Vargas), 2008〕. 이 금액은 다른 단체들의 온라인 모금액보다 월등히 높은 금액이었다. 아마 오프라인 모금 역시 그럴 것이다.

정체성 수준에서 오바마 캠페인의 브랜드를 생각한다면 무엇이 떠오르는가? 특히 이 선거 캠페인에서 어떤 시각적인 요소가 떠오르는가? 모든 커뮤니케이션 수단들을 수놓았던 파란색을 떠올릴 수도 있고, 어디서나 볼 수 있었던 로고를 떠올릴 수도 있을 것이다. 어쩌면 예술가 셰퍼드 페어리(Shepard Fairey, 1970~)가 붉은색, 흰색, 푸른

색을 이용해 그린 그 유명한 오바마의 초상화를 떠올리는 이들도 있을 것이다. 2008년 미국에 있던 사람이라면 이 시각적 이미지들을 보지 않을 수 없었을 것이다. 오바마 선거 캠페인은 이 이미지들을 끊임없이, 어느 곳에나 이용했기 때문이다.

오바마 선거 캠페인은 시각적 요소와 마찬가지로 메시지 역시 일관되게 사용했다. "우리는 할 수 있습니다"(Yes we can) 와 "우리가 믿을 수 있는 변화"(change we can believe in) 라는 표어문구들은 매우 정기적으로 들을 수 있었고, 선거 후 "우리가 해냈습니다"(Yes we did) 라는 표어와도 완벽하게 맞아떨어졌다.

오바마 선거 캠페인은 후보자를 '변화를 위한 후보'로 포지셔닝 하기 위해 엄격하게 브랜드레이징 구조를 만들었다. 선거 캠페인의 개성은 '무겁지 않고', '접근하기 쉽고', '신세대이고', '변화를 지향하고', '혁신적이고', '당당하지만' 동시에 '전통을 존중하는' 것이었다. 이는 선거 캠페인의 시각적 정체성과 메시징 플랫폼이 선거의 포지셔닝, 개성과 매우 효과적으로 잘 맞물린 경우였다.

시각적 정체성

비영리단체 직원들은 단체 로고의 일관적인 사용에만 집중하느라, 커뮤니케이션을 위한 다른 시각적 요소들의 영향력은 간과하는 경우가 많다. 사실 색상, 글씨체, 예술작품(사진 등)은 로고보다 더욱 깊고 무의식적인 수준에까지 영향을 미칠 수 있다. 대부분의 사람들이 색상에 대해 의식적인 생각을 하기보다는 어떤 정서를 품는 경우가 많은데, 단체가 바라는 개성을 만들거나 강화하는 데 도움이 되는 것이 바로 이 정서이기 때문이다. 특정 글꼴 역시 영향력이 대단히 크다고 말할 수는 없지만 친근감, 전통, 위엄 등을 느끼게 해준다. 색상, 유형, 이미지, 그래픽 등의 요소들을 신중하게 선택하면 다른 커뮤니케이션 통로와 수단들을 이어주는 일관성을 형성할 수 있다.

로고

많은 사람들이 '브랜드'와 '로고'가 동의어라고 생각한다. 로고가 단체, 기업, 제품 등의 커뮤니케이션을 위해 디자인된 상징이자 표식 혹은 그래픽이라는 기본적인 이해를 갖고 자랐기 때문이다. 어쩌면 로고는 산업에서 브랜드를 만드는 일이나 마케팅보다 훨씬 더 오래되었는지도 모른다. 가족 문장이나 가축의 브랜드와 같은 형태가 오래전부터 존재했으니 말이다.

로고에는 3가지 유형이 있다.

- 문자만 사용하는 로고. 구글(Google, 그림 5-1), BAM〔브루클린 음악원(brooklyn academy of music), 그림 5-2〕등의 예가 있다.
- 특정 모양을 상징하기 위해 문자를 변형한 로고. 비영리단체 인모션(inMotion, 그림 5-3) 등의 예가 있다.
- 시각적인 아이콘이나 상징을 이용한 로고로 '아이디어그램'(idea-gram)이라고 부르기도 한다. 미국 적십자(American Red Cross, 그림 5-4), 군인가족연합(그림 5-5) 등의 예가 있다.

그림 5-1 구글 로고

그림 5-2 인모션 로고

 American Red Cross

그림 5-3 미국 적십자 로고

그림 5-4 BAM 로고

그림 5-5 군인가족연합 로고

아이콘이나 상징을 이용한 로고

소아마비구제모금운동, 미국 적십자, 공동모금회(United Way), 국제환경보호단체(World Wildlife Federation) 등에서 사용하는 상징은 단체의 이름이 없어도 미국인이라면 누구나 어느 단체의 것인지를 알 수 있다. 한 가지 상징기호를 오랫동안 사용해온 덕분에 대부분의 미국인들에게 이 기호가 각인되어 어느 단체의 상징기호인지를 보자마자 바로 알 수 있는 정도까지 되었다.

　단체의 이름과 함께 사용되는 시각적인 상징이나 아이콘은 언어의 장벽을 초월하며, 이는 국제적으로 활동하는 단체에서 그 가치를 발휘한다. 예를 들어 적십자사〔이슬람권에서는 적신월사(Red Crescent)〕의 단순하고도 명확한 상징은 매우 효과적이다. 단체 이름을 굳이 보지 않아도 어느 단체의 상징인지를 알 수 있다.

시각적 상징의 단점은 쉽게 진부해진다는 점이다. 특히 복지산업 분야에서 그렇다. 가족이나 어린이들에게 초점을 둔 단체에서 어린 아이의 아이콘을 사용하지 않는 것은 무엇 때문일까? 노숙자 구제단체에서 집이나 보금자리를 상징화하지 않는 것은 무엇 때문일까? 이런 마크들은 오히려 역효과를 낼 수 있기 때문이다. 비슷한 업무를 하는 다른 단체에서 사용하는 상징들과 너무 비슷하면 기부자나 다른 소통대상들에게 혼란을 주어 오히려 역효과를 볼 수도 있다.

로고 글꼴과 약어

로고에는 문자로만 된 로고와 장식이 들어간 로고가 있다. 로고의 형태를 정할 때는 가장 먼저, 그리고 중요하게 전달되어야 하는 단체의 이름을 고려한다. 또한 단체의 개성을 드러내는 데에 글꼴의 선택도 매우 큰 영향을 미친다. 단체의 이름이 메시징 플랫폼에서 강한 요소라면 이름을 이용한 로고는 매우 효과적일 수 있다. 하지만 단체의 이름으로 된 로고를 사용하는 경우 다른 나라 언어로 번역될 경우에는 의미 전달에 문제가 있을 수도 있기 때문에 국제적인 활동을 시작할 때 로고를 다시 디자인하기도 한다.

약어는 보통 단체의 이름을 줄여서 만들며 실질적으로 로고에는 그다지 크게 영향을 미치지 않는다. 보통 단체와 밀접한 관련이 있는 사람들만이 약어가 무엇의 줄임말인지를 완전하게 이해할 수 있다. 단체와 직접 관련이 없는 사람들은 약어가 주는 메시지를 모르는 경우가 많으며 제대로 메시지를 이해하지 못해 단체의 활동에 참여하지 못하거나 다른 단체와 혼동하는 경우가 발생하기도 한다. 아는 사람들끼리만 모인 곳인 단체라고 생각해 소외감을 느끼는 이들도 있다.

물론 예외도 있다. 커뮤니케이션에 약어를 매우 일관되고 효과적으로 사용해서 그 의미를 명확하게 전달하는 단체들도 매우 드물게나마 존재한다. 이런 단체들은 보통 세상의 주목을 많이 받다보니 언론 보도나 기타 다른 형태로 약어의 의미에 대한 인지도를 높일 수 있었던 경우이다. 예를 들어 PETA라는 단체의 이름은 '동물을 인도적으로 사랑하는 사람들'(People for the Ethical Treatment of Animals)의 첫 머리글자를 따서 만든 것이라는 사실을 많은 사람들이 알고 있으며, 언론의 집중조명을 많이 받기 때문에 이를 이용해 단체 이름의 의미를 효과적으로 알리고 있다.

하지만 어째서 약어 인지도를 높이기 위해 적은 금액의 투자만 하는 것일까? 여러분의 단체가 여기에서 언급된 다른 단체들보다 의미 있는 이름을 가지고 있다면 소액투자만 하는 상태에서 벗어나는 것이 미션을 더욱 효과적으로 발전시키는 데 도움이 될 것이다.

적절한 로고 선택하기

어떤 종류의 로고가 단체에 가장 어울리는지 고르지 못하겠다면 문자만 있는 로고, 상징과 문자가 들어간 로고, 문자를 변형한 로고 등 종류별로 몇 가지 선택사항을 만들어 그래픽 디자이너에게 자문을 구해보라. 그리고 각 선택사항들에 관해 논의하기 위해 다음 질문들을 해보라.

- 이 로고들 중 우리의 포지셔닝을 가장 잘 반영하는 로고는 무엇인가? 그 이유는?
- 이 로고들 중 우리의 개성을 가장 잘 반영하는 로고는 무엇인가? 그 이유는?
- 이 로고들 중 우리의 소통대상들에게 가장 설득력이 있을 것 같은 로고는 무엇인가? 그 이유는?
- 이 로고들 중 우리의 비전, 미션, 가치를 가장 효과적으로 전달하는 로고는 무엇인가?

이 질문들이 익숙하게 들린다면 좋은 현상이다. 효과적으로 브랜드를 만드는 사람이라면 주기적으로 위의 질문을 해보고 그 결과를 의사결정에 반영해야 한다. 그림 5-6은 재디자인한 로고 두 가지를 보여준다. 이 로고들은 조직적 수준의 요소를 더 잘 드러내는 시각적 정체성을 나타내기 위해 만든 것이다.

전

후

전

후

그림 5-6 재디자인한 로고들 : 전후 사례

타이포그래피

타이포그래피(*typography*)는 원래 인쇄 활자체에 대한 연구, 예술, 기술 등을 표현하는 말이었다. 하지만 오늘날에는 온라인에서 구현되는 폰트나 크기의 글자 스타일을 만드는 방법을 설명하는 데 이 단어를 사용하기도 한다. 많은 정보와 연구, 이론 등이 현대 서체의 개발과 이용에 도움을 주었으며, 각 활자체에서 골라 조합하여 만들어낼 수 있는 서체만 해도 수만 가지에 이른다. 활자이론에 관한 책들도 매우 많다. 이 분야에 대해서 보다 깊이 있게 알고 싶다면 영화 〈헬베티카〉(*Helvetica*, 영국 다큐멘터리/게리 허스트윗, 제프 원포 감독)를 보기 바란다. 폰트라는 말은 잘못 사용되는 경우가 많다. 엄밀한 디자인 용어로 보자면 폰트라는 말은 특정 글자체와 글자의 크기를 의미한다. 예를 들어 에이리얼(Arial) 체 9포인트처럼 말이다. 반면 서체는 모든 크기와 글자체를 망라한다. 예를 들어 이탤릭체, 굵은 서체 등 특정 형태의 글자체를 말한다.

서체를 이용하여 모더니즘, 전통, 농담, 격식, 비격식 등 단체가 원하는 개성과 밀접하게 연관된 것들을 표현할 수 있다. 우리 목표는 단체의 개성과 밀접한 관련이 있는 서체를 선택해 일관되게 사용하는 것이다.

타이포그래피 선택하기

서체를 연구하는 사람들은 효과를 극대화하기 위한 적절한 서체의 선택과 이용에 대해 강한 의견을 갖고 있다. 보통 디자이너들은 시각적 정체성을 개발할 때 서체의 가짓수를 적게 선택하는데, 대개 세리프(serif)와 산세리프(Sans serif)■를 한 가지씩 선택한다(세리프는 글자를 구성하는 주요 획의 상하 부분에 돌출한 작은 획으로, 가독성을 높여준다.■■ 세리프가 있는 서체는 책 본문이나 글이 많이 들어가는 인쇄물에 사용한다). 적은 종류의 서체를 일관되게 사용할수록 단체에서 사용하는 커뮤니케이션 수단들은 일관성 있게 보인다.

단체에서 사용하는 모든 것들, 즉 편지, 메모지, 기타 통신문에는 특정하게 선택한 서체만 사용하는 것이 이상적이다. 이는 일관성과 질적 수준에 있어, 미묘하지만 매우 명확한 메시지를 전달할 수 있다. 사용자가 많은 타임스(Times)나 에이리얼처럼 대부분의 컴퓨터 문서 프로그램에 깔려 있는 서체 대신 단체 고유의 서체를 통신매체에 사용하면 독자들이 다른 간행물들에서도 단체의 일관성을 유추할 수 있을 것이다.

온라인에서 사용하는 타이포그래피

소통대상이 온라인에서 보는 서체까지 조절하기는 어렵다. 사람들마다 컴퓨터 설정 사항이 다르기 때문이다. 예를 들어 보도니(Bodoni)

■ 역주―세리프가 없는 글꼴.
■ ■ 역주―알파벳 M의 세로선 상하의 작은 돌출선이나 I자 상하의 돌출선.

서체를 기본 서체로 정하고 디자인한 웹사이트는 컴퓨터에 보도니 서체가 설치된 사용자에게만 제대로 보일 것이다. 보도니 서체가 없고 평범한 기본 서체로 설정된 컴퓨터를 사용하는 사람들에게 이 웹사이트는 그냥 기본 서체로 보일 것이다.

이메일, 웹사이트, 기타 온라인 커뮤니케이션 도구에 사용하는 타이포그래피에 시각적인 일관성을 구축하기 위해서는 두 가지 선택사항이 있다. 서체를 대부분의 사람들이 컴퓨터에 가지고 있는 서체로 바꾸는 것이다. 가령 헬베티카나 에이리얼 등과 같은 산세리프 서체와 타임스 같은 세리프 서체로 말이다. 아니면 고유 서체로 문서를 작성한 후 출력해 JPEG나 GIF같은 이미지 파일을 이용한다. 서체를 이미지로 전환하면 온라인에서도 일관성을 유지할 수 있다. 예를 들어 길산(Gill Sans) 서체를 사용하는 경우에도 문서를 이미지로 전환해서 사용하면 이 글꼴이 있는 사람이건 없는 사람이건 모두 볼 수 있다. 하지만 이 방법을 이용하면 이미지에 있는 글자를 인터넷 검색 엔진이 인식하지 못해 인터넷으로 검색하기가 어려우며 로딩 시간도 더 길어진다. 이런 이유로 이미지로 만든 글꼴은 최소한으로 사용되어야 한다. 한편, 일반적인 글꼴을 사용하면 단체의 느낌도 일반적으로 보일수 있다. 즉, 여러 단체들 중 눈에 띄기를 바란다면 그 기회를 잃어버릴 수 있다.

이 딜레마를 해결하기 위해 강한 시각적 정체성을 사용하는 단체들은 대부분 두 가지 방법을 절충해 균형을 찾는다. 인쇄매체에서는 단체의 개성과 차별화된 면을 보여주는 서체를 이용한다. 온라인에서는 핵심 글꼴만 바꾼다. 예를 들어 단체의 표어나 주요 제목 등만 이미지를 사용한다. 단체의 로고가 문자로만 되어 있는 경우도 특정 서체를 사용한 로고가 일반 서체로 바뀌어 보이는 것을 방지하기 위해 이미지로 전환해서 사용해야 한다. 나머지 온라인 커뮤니케이션 요소에는 가능한 오프라인에서 사용하는 서체와 최대한 비슷한 일반 서체를 선택한다.

전통적인 서체 기준을 따르는 것보다 더 중요한 것은 소통대상 중심의 서체를 선택하는 것이다. 예를 들어 연령대가 높은 사람들과 소통을 할 때 지나치게 작은 크기의 서체를 사용하는 것은 큰 실수이다. 아이들과 관련된 단체에서 손글씨체를 사용하는 것은 진부하고 생색내는 듯한 느낌을 준다. 단체의 개성을 반영하는 글꼴을 선택하되 단체가 목표하는 대상에게 적절하고 동질감을 줄 수 있는 서체를 골라야 한다.

색상

인터넷과 이메일에서 모든 색을 표현하게 된 것은 말할 것도 없고 4색 인쇄와 디지털 인쇄가 상용화되면서 그 어느 때보다 색을 유연하게 사용하기가 수월해졌다. 하지만 가장 강력하고 명확하게 시각적 정체성을 드러낼 수 있는 색은 원색과 이차색■이다. 원색을 사용하는 단체

■ 역주─두 가지 원색을 같은 비율로 섞어 만든 색.

는 로고와 주요 요소에 한두 가지 색을 사용한다. 단체에서는 원색을 보통 편지지, 인쇄된 소식지, 전단지, 기타 저비용 인쇄자료 등에 사용한다. 이차색은 보통 앞의 원색들과 잘 어울리는 색으로 장식적인 기능으로 사용되는데, 강조를 하기 위해 부가하는 용도로, 또는 색을 추가해도 비용이 더 들지 않는 온라인에서 사용된다.

적십자 출판물에 단체의 로고가 핑크색이나 오렌지색으로 되어 있다고 상상해보라. 쉽게 상상하기 어려울 것이다. 일관적인 색은 강한 시각적 정체성의 가장 중요한 특질 중 하나이다.

디자이너와 인쇄업자들은 PMS, CMYK, RGB 등과 같은 인쇄법을 사용한다. PMS는 팬톤 색 배합방식(Pantone Matching System)으로 그래픽 아트 및 인쇄 분야에서 사용하는 표준 인쇄잉크 색 지정방식이다. 약 500가지 색에 번호가 부여되어 견본 카탈로그의 번호에 따라 색을 지정해 출력하는 데 이용된다. 보통 흑백 인쇄나 3색 인쇄에서 사용된다. Hex와 RGB는 온라인 인쇄법으로 빛의 3원색인 적색, 녹색, 청색의 조합으로 색을 구현한다. CMYK는 시안(청록색, Cyan), 마젠타(심홍색, Magenta), 노랑(Yellow), 검정(Black)의 약자로, 각 색들을 겹쳐서 사용할 수 있으며 모니터의 픽셀을 이용해 하나로 보이는 색을 만들 수 있다. PMS나 CMYK은 오프셋 인쇄■에서만 사용되는 인쇄법이다. CMYK를 확인하려면 잡지의 이미지를 돋보기로 보면

■ 역주— 볼록판, 평판, 오목판 인쇄 중 평판에 속하는 인쇄로, 직접 인쇄를 하지 않고 중개 역할을 하는 고무 블랭킷에 전사를 한 다음 용지에 인쇄하는 방법.

된다. 미세하게 청록색, 심홍색, 노란색, 검정색 점들이 겹쳐져 실제 색상과 비슷한 색을 만드는 것을 확인할 수 있다.

유능한 디자이너라면 어떤 형식에서나 잘 구현될 수 있는 색들을 선택할 것이다.

사진, 아이콘, 기타 그래픽 요소들

많은 단체들이 시각적 요소의 일부로 사진, 일러스트, 기타 그래픽 요소(줄무늬, 아이콘, 점 등과 같은)들을 사용한다. 단체에서는 이러한 요소들을 즉흥적으로 사용하는 경우가 많지만 신중하게 접근한다면 더욱 긍정적인 효과를 뚜렷하게 볼 수 있다. 예를 들어 '확신을 주는', '믿을 만한', '전문적인', '안정적인' 등의 개성을 부각시키고자 하는 단체라면 도전적인 이미지보다는 전통적인 이미지를 사용할 것이다. 반대로 '예리한', '도전적인', '슬기로운', '예기치 않은' 등의 개성을 살리고 싶은 단체라면 흔하지 않은 이미지나 크고 굵은 글씨체 등을 그래픽 요소로 사용할 것이다.

무드보드

무드보드(*mood board*)는 다양한 이미지, 컬러, 시각화된 정보, 줄무늬, 재질, 아이콘 등 그래픽 요소들을 붙인 일종의 콜라주▪다. 새로운 시각적 정체성을 만들기 위해 디자인 작업을 시작하기 전에 무드보드를 만들면 디자인 작업을 하는 팀원들이 단체의 조직적 수준, 특히 개성을 가장 잘 드러내는 요소들이 무엇인지 파악하는 데 도움이 된다. 무드보드는 시각적인 로드맵을 제공함으로써 창의적인 과정에 활기를 불어넣고, 다음 단계로 매끄럽게 넘어가도록 해준다.

전문 그래픽 디자이너라면 온라인에 있는 이미지나 요소들을 이용해 포토샵이나 인디자인 같은 프로그램에서 무드보드를 만들 것이다. 이미지들을 출력해 자른 다음 콜라주를 하듯 조각조각 보드에 붙이면서 무드보드를 만드는 디자이너는 없다. 무드보드 제작에 별다른 기술은 필요 없다. 핵심은 앞으로 나아가야 할 시각적 정체성의 상을 모두가 쉽게 볼 수 있도록 하는 것이다.

무드보드에 필요한 이미지들을 모으고 다듬는 과정을 통해 디자인을 개발하고 운영하는 팀에서는 시각적 정체성이 어떤 모습이어야 하는지, 어떤 정서여야 하는지에 대한 공감대를 형성할 수 있다. 사진이 우리의 독특한 관점을 잘 드러내는가? 이 양식이 조직의 개성을 반영하는 색상이나 기법을 잘 사용해서 만들었는가?

단체의 로고가 종종 조직의 시각적 정체성 맥락과 상관없이 검토되는 경우가 많기 때문에, 무드보드를 만드는 일은 단체의 웹사이트나 브로슈어, 기타 자료에서 궁극적으로 보여주고자 하는 이미지를 쉽게 떠올리지 못하는 사람들에게 도움이 된다. 디자이너가 시각적 정체성

■ 역주 — 입체파 화가들이 유화의 일부에 악보, 신문 등의 인쇄물을 풀로 붙인 데서 유래한 예술기법.

그림 5-7 뇌종양협회 무드보드

그림 5-8 군인가족연합 무드보드

을 만드는 것처럼 무드보드는 단체의 이상과 잘 어울리는 시각적 이미지들을 뚜렷하게 하는 유용한 참조 수단이 될 수 있다. 그림 5-7과 5-8은 '뇌종양 협회'(National Brain Tumor Society)와 '군인가족연합'에서 단체의 시각적 정체성을 다듬어나가기 위해 보조 도구로 만든 무드보드 사례이다.

메시징 플랫폼

로고를 비롯한 시각적 정체성 요소들은 전후 맥락을 벗어나 개발되는 경우가 많지만 단독으로 사용되는 경우는 매우 드물다. 예를 들어 로고는 출판물의 표지와 편지지, 기타 시각적 요소와 온라인 등에서 사용된다. 소통대상들은 경험적 수준에서(경험적 수준에 관한 내용은 다음 장에서 상세히 다루도록 하겠다) 시각적 요소들과 메시지를 접하기 때문에 이러한 요소들은 반드시 상호보완 방식으로 만들어져야 한다.

가능하다면 단체는 메시징 플랫폼을 시각적 정체성과 함께 만들거나 다듬어나가야 한다. 이상적인 방법은 시각적 요소들을 만드는 디자이너들이 메시지를 만드는 사람들과 함께 작업을 해서 모든 요소들이 전체적으로 유기적인 조화를 이루도록 하는 것이다. 예를 들어 단체의 이름, 로고, 표어 등을 함께 본다면 로고나 색상, 글꼴 등의 시각적 요소가 어떻게 표현될지를 충분히 이해한 상태에서 상용문구를 작성하는 방식으로 작업을 한다.

앞서도 언급했듯이 '글로 쓴 브랜드'라고도 표현하는 메시징 플랫폼
에는 단체의 이름과 프로그램이 포함된다. 즉, 표어, 비전선언문, 미
션선언문, 가치선언문, 핵심 메시지, 상용문구, 짧은 시간에 효과적
으로 홍보할 수 있는 엘리베이터 피치, 용어집 등이 모두 메시징 플랫
폼에 포함된다. 다음은 각 요소들을 간략하게 정리한 것이다. 다음 장
에서 이 요소들에 관해 보다 상세하게 논의할 것이다.

- 이름 : 단체와 개별 프로그램들의 이름, 그리고 그것들이 정식 명
  칭 사용 후 비공식적 맥락 또는 공식문서를 통하여 약칭화되고 조
  정되는 방식을 통해 많은 것이 전달된다.
- 표어 : 단체의 포지셔닝을 간결하게 표현한 커뮤니케이션 수단.
  보통 8단어 이하로 구성되며, 공식적인 커뮤니케이션에서 생생
  하게 표현된다.
- 비전선언문, 미션선언문, 가치선언문 : 공식적으로 쓰이고 이사회
  의 승인을 받은 선언문으로 인쇄된 자료나 온라인 등에서 그대로
  인용함(비전, 미션, 가치관에 관한 내용은 4장에서 다루었다).
- 핵심 메시지 : 단체의 포지셔닝을 분명히 하기 위해 반드시 논의되
  어야 할 핵심 개념. 보통 최소한 3가지에서 10가지를 넘지 않는
  메시지들을 사용하며 메시지들을 뒷받침하는 문구들이 있다.
- 상용문구 : 미션선언문과 함께 단체가 사용하는 표준화된 문서이
  다. 핵심메시지를 전달함과 동시에 단체의 개성과 포지셔닝을 표
  현한다. 예를 들면 '단체소개' 란에 사용되거나 보도자료의 하단

에 덧붙여지는 식으로 사용된다.

- 엘리베이터 피치 : 단체의 포지셔닝 중 핵심만 추려 2~3문장으로 표현하는 것. 단체의 대변인이나 사절단이 엘리베이터 피치 문장을 암기해 정확하게 구사할 수 있으면 이상적이다.
- 용어집 : 단체가 속한 분야에서 광범위하게 혹은 중요하게 사용되는 전문용어 등을 종사자 중심 언어에서 대중 중심 언어로 바꾼 어휘 목록들.

모든 단체에서 이 요소들을 전부 만들어야 하는 것은 아니다. 예를 들어 미션선언문만 만들고 비전과 가치관은 공식적으로 문서화하지 않고 개념으로 남겨두는 단체도 있다. 또 어떤 단체들은 상용문구를 만드는 것을 불필요하다고 여겨 미션선언문으로 대체하는 경우도 있다. 소통대상 중심의 관점에서 메시징 플랫폼을 만들면서도 용어집은 만들지 않는 단체도 있다. 메시징 플랫폼 개발에서 가장 중요한 것은 단체의 구성원들이 어떤 것을 쓰거나 말하는 데 있어 명확하고 유용한 기반이 되어야 한다는 것이다.

단체의 직원들은 주요 문서나 외부 커뮤니케이션 프로젝트, 즉 단체 브로슈어나 연간 보고서, 웹사이트, 보도자료, 행사 연설문 등의 서두에 메시징 플랫폼을 언급한다. 항상 같은 주제를 같은 언어로 전달하다 보면 전달하는 사람 입장에서는 지루하고 반복적인 느낌이 들 수도 있지만 상대방에게는 일관성과 응집성을 전달할 수 있다. 조직적 수준에서 단체의 개념들을 강화할 수 있는 것이다. 그렇게 되면 문서 작성자가 서두를 비워두고 작성하지 않아도 되고, 더 빠르게 더 일관성 있는 작업을 해나갈 수 있다.

이름

다른 모든 사업과 마찬가지로 비영리단체도 이름에 모든 것이 들어 있다. '브루클린 공동체 재단'(Brooklyn Community Foundation)이나 '뉴욕 시립 차터 스쿨 센터'(New York City Charter School Center)처럼 간단명료하고 직접적인 이름도 있고, '국경 없는 의사회'(Doctors Without Borders)나 '안전한 지평선'(Safe Horizon)처럼 함축된 의미가 큰 이름도 있으며, '마약 없는 미국을 위한 연합'(Partnership for a Drug-Free America)이나 '세이브 더 칠드런'(Save the Children)처럼 변화를 지향하는 단체도 있다. 대부분의 단체 설립자들이 장기적인 관점에서 단체의 이름을 숙고할 시간을 갖기도 전에 이름부터 고르다보니 단체의 이름은 가장 우발적으로 만든 브랜드 중 하나인 경우가 많다(우연히 만든 브랜드와 장기적인 관점에 관한 내용은 2장에서 다루었다). 하지만 이름은 어느 단체, 어느 프로그램에서나 가장 우선시되고, 가장 널리 통용되는 단체의 대표 이미지이다.

표 5-1을 보면 더욱 효과적으로 커뮤니케이션을 하기 위해 이름을 변경한 단체 3곳의 사례가 있다. 보통 단체에서 이름을 변경하는 때는 전문어나 혼동을 주는 표현, 시대에 뒤떨어진 모습을 버리고 더욱 고무적이고 변화지향적인 모습을 추구하기 위해서인 경우가 많다.

124

표 5-1 이름을 바꾼 단체들

원래 이름	새로운 이름
나우 법률보호기금 (NOW Legal Defense Fund)	법의 힘(Legal Momentum)
희생자 보호단체(Victim Services)	안전한 지평선(Safe Horizon)
어린이+가족을 위한 센터 (Center for Children+Families)	안전지대(SafeSpace)

이름 변경의 장단점

단체의 이름을 변경한다는 것은 매우 어려운 과정이다. 단체의 이름을 바꾸려면 계획, 준비, 단체 관련 문서나 각종 법률문서 등의 변경, 문서를 변경하는 데 드는 비용, 소통대상들에게 변경된 이름을 알리기 위한 긴 절차 등이 필요하다. 대중들은 단체의 이름이 효과적이건 그렇지 않건 간에 기존의 이름에 익숙하다. 이름을 진정으로 마음에 들어 하는 단체는 드물지만, 이름을 변경하면 오랫동안 구축해온 가치를 상실할 것이라고 생각하는 경우가 많다.

이름을 변경할 것인지 변경하지 않을 것인지를 고민하는 것은 좋지만 새로 제안된 이름이 기존의 이름과 아무 마찰도 빚지 않고 그대로 적용되기는 어렵다. 대부분 사람들은 변화의 가능성에 직면했을 때 부정적으로 반응하기 마련이다. "이름을 바꾸는 것이 어떨까요?"라고 묻기보다는 "오늘 우리 단체를 처음 시작한다고 하면 조직적 수준에서 우리 단체를 가장 잘 설명해주는 이름은 무엇일까요?"라고 묻길 권한다. 직원들, 자원봉사자들, 기타 내부 관계자들과 함께 가능한 이름들을 생각해보라. 이 브레인스토밍 과정에 이름을 바꾸어야 한다는 어떠한 의무감도 있어서는 안 된다. 단순한 탐구여야 한다. 브레인스토밍을 통해 유력한 후보들이 생기면 단체의 리더는 새로운 이름이 가져다줄 장점과 기존에 사용해온 이름의 가치를 잃어버리는 위험 중 어느 쪽이 더 비중이 있는지를 신중하게 저울질해보아야 한다. 어떤 경우에는 이름을 완전히 바꾸기보다는 기존의 이름을 보완·수정하는 방향을 채택하기도 한다.

새로운 이름을 구상하는 데는 옳고 그른 방법이 없다. 한 가지 이름으로 모든 문제를 해결할 수 있는 방법 또한 없다. '로빈 후드 재단: 뉴욕 시 빈민층을 위하여'(Robin Hood Foundation: Targeting Poverty in New York City)처럼 고무적인 이름 뒤에 직설적인 표어가 있는 것이 효과적일 수 있다. 반대로, 직설적 이름 뒤에 희망, 유머, 슬로건 등의 상용구를 덧붙일 수도 있다. 가령 '유대교 캠프 재단: 오두막이 있는 공동체'(Foundation for Jewish Camp: Community by the Cabinful)처럼 말이다.

첫 글자를 따서 만든 이름, 약어, 구어체

영리를 추구하는 기업들은 이름 전체를 사용하기보다는 첫머리 글자만 따서 만든 약어를 매우 효과적으로 사용한다. 나이가 40대 이상인 사람들은 대부분 IBM이 International Business Machine(국제 비즈니스 기계)을 의미한다는 사실을 알고 있다. 40대 이하인 사람들은 이

의미까지는 잘 모른다 하더라도 IBM이 컴퓨터와 첨단기술 분야에서 선두주자로 포지셔닝하고 있다는 사실은 잘 알고 있을 것이다. 국제적인 운송업체인 UPS(United Parcel Service) 역시 IBM과 비슷한 방식으로 이름을 만들었다. IBM이나 UPS는 오랫동안 장수한 이름, 명확한 의미전달, 큰 규모의 광고예산, 이 모든 것들이 어우러져 굳건하게 인지도를 유지하고 있다.

하지만 BCF가 무슨 의미인지 들어본 적이 있는가? 혹시 볼티모어에 사는 사람이라면 '볼티모어 커뮤니티재단'(Baltimore Community Foundation)이라고 생각할 수도 있다. 뉴욕에 사는 사람들은 '브루클린 커뮤니티재단'(Brooklyn Community Foundation)이라고 생각할지도 모른다. 혹자는 '흑인대학기금'(Black College Fund)이라고 생각할 것이다. 혹시 아는가, 이것이 '바베이도스 체스기금'(Barbados Chess Foundation)을 의미한다고 생각하는 사람들도 있을지? 약어를 알려주는 사이트(www.acronymfider.com)에서 아무 약어나 쳐도 그 약어를 이미 사용하는 업체들이 무수히 많이 검색된다. BCF로 검색을 했을 때는 39개의 단체들이 검색되었다. 중요한 점은 단체와 밀접한 관련이 있는 사람들만이 그 의미를 아는 경우가 대부분이라는 사실이다.

단체의 이름을 정할 때는 직원이나 이사들이 비공식적으로 단체의 이름을 글이나 말로 언급할 때 사용할 함축적인 이름을 고려해야 한다. 가능하면 더 많은 의미를 덧붙일 수 있는 약어는 피하기를 권한다. 예를 들어 '군인가족연합'(National Military Family Association)을 언급할 때에는 NMFA로 줄이기보다는 '연합'(The Association)이라고 말하는 것이 더 좋다. 가능하다면 단체 이름에 대한 인지도를 확고히 하기 위해 완전한 이름을 사용하는 것도 좋다. 주요 프로그램이나 문제들에 대한 인지도를 높일 때에도 마찬가지이다. 가령 '근위축증 부모 프로젝트'에서는 뒤시엔느 근위축증을 DMD라고 줄여서 말하지 않는다. 희귀질환인 이 병에 대한 인지도를 높이기 위해 반드시 뒤시엔느라고 지칭한다.

드물지만 예외도 있다. 2008년 미국흑인대학기금(United Negro College Fund)은 UNCF로 이름을 바꾼다고 발표했다. 하지만 유명한 표어인 "지성을 낭비한다는 것은 끔찍한 일이다"(*A mind is a terrible thing to waste*)는 그대로 두었다. 이름을 바꿈으로써 더 이상 정치적 정당성이 없는 이름이 상징하는 장벽을 극복하고 단체의 훌륭한 상용 문구는 그대로 두어 UNCF가 미국흑인대학기금과 동일한 단체임을 분명히 한 것이다.

표어

잘 만든 표어는 모호한 단체나 프로그램 이름에 어마어마한 가치와 명확성을 부여할 수 있다. 또한 추상적이고 거창한 목표를 표방하는 이름에 특수성과 명확성을 부여하기도 한다. 모금의 관점에서 보면 표어는 산만한 기부자들을 단체의 본질적인 활동에 집중하도록 만들 수 있다. 영리를 추구하는 기업에서는 이미 수십 년 전부터 표어를 효과적으로 이용해왔으며 오늘날에는 다수의 비영리단체에서 이들의 사례를 배우고 있다.

- UNCF : "지성을 낭비한다는 것은 끔찍한 일이다."
- 암연구협회(Cancer Research Institute) :
  "진보하는 면역학. 정복되는 암."
- 역사 엔터테인먼트(Historic Entertainment) :
  "칼로 뭉치고, 동료애로 하나 되자."
- 아메리케어스(AmeriCares) : "돕는 열정. 실천하는 능력."
- 유대인 캠프를 위한 재단(Foundation for Jewish Camp) :
  "오두막들이 모인 공동체"
- 여성 스포츠 재단(Women's Sports Foundation) : "평등한 경기"

거꾸로 말하면 의미가 약한 표어는 부족하고 모호한 이미지를 더욱 두
드러지게 할 수도 있다. 많은 건강 관련 단체가 "연구·교육·지지" 혹
은 "연구·치료·변화" 등과 같은 표어를 사용한다. 이러한 표어에는
단체의 업무와 관련이 있다 해도 단체가 하는 일이 정확히 무엇인지를
알 수 있도록 해주거나 다른 단체들과 구분되는 점 등을 보여주는 독
창적인 언어나 표현이 없다.

표어의 가장 큰 역할은 무엇일까? 바로 개성과 포지셔닝이다. 훌륭
한 표어는 단체의 문화와 분위기를 보여준다. 또한 같은 분야에 있는
다른 단체들과 뚜렷하게 차별화되는 점을 보여주고 자리매김하도록
해준다.

표어 만들기

여러분이 표어를 만드는 데 재능이 있거나, 단체에서 사용할 표어들을 만들어본 경험이 있다면 매우 다행이다. 단체의 예산이 충분하지 않은 경우 운영위원회를 조직해 표어에 관한 좋은 아이디어들을 모으는 방식으로 표어를 만들기도 한다. 하지만 표어를 만드는 과정에서 명심해야 할 점이 있다. 바로 성과는 비용에 비례한다는 사실이다. 다양한 요소들을 합쳐 2~8단어 이내의 표어로 만드는 일은 매우 어려운 작업이다. 특히 단체와 밀접한 관련이 있는 사람들에게 이 작업은 더욱 힘들다. 표어 제작을 도와줄 전문가를 고용하건 단체 내부적으로 제작을 하건 간에 일단 조직적 수준이 준비되어 있으면 표어가 무엇을 전달해야 하는가를 규정하기가 훨씬 수월해진다.

대부분 표어들은 문장에 들어갈 때보다 단체의 이름 옆에 함께 할 경우에 눈에 띈다는 사실도 명심하라. 예를 들어 표어는 주로 웹의 홈페이지 맨 위에 위치하는 경우가 많으며, 책자에서는 앞표지 혹은 뒤표지에 들어가는 경우가 많고, 편지지 윗부분에 들어가는 경우도 많다. 하지만 후원신청서 본문이나 기부자들에게 보내는 편지에 표어를 사용하는 경우는 드물다. 훌륭한 표어는 문장과 함께 있어도 의미가 통해야 하지만, 단체의 이름 및 로고와 함께 사용할 때 시각적인 효과를 줄 수 있어야 한다. 단체의 이름과 로고 만드는 작업을 다 마무리한 후에 표어를 정하는 것이 가장 효과적이라는 경험을 한 단체들도 있다. 다른 한편, 한 팀에서 시각적 정체성과 메시징 플랫폼 두 가지를 동시에 만들기 시작한 단체의 경우 로고 디자이너와 메시지를 만드

는 사람들이 협동 작업을 통해 뜻밖의 창의적인 해결책을 만들어낼 수
도 있다.

표어 평가하기

단체 표어를 다음과 같이 시험해보라.

- 협력단체나 경쟁단체들의 목록을 만들어라. 이 목록에 있는 단체
  들 중에는 같은 소통대상을 상대로 프로그램을 운영하는 단체도
  있고, 여러분의 단체 후원자가 함께 후원하는 단체들도 있을 것
  이다.
- 최근 표어 혹은 제안된 표어를 목록 맨 위에 크게 써라.
- 목록에 적힌 단체들의 이름과 표어를 함께 읽어보아라. 표어가
  단체들과 어울리는가? 몇 개의 단체들과 어울리는가?

사용할 수 있는 단체가 적은 표어일수록 더욱 독창적이고, 단체의 포
지셔닝과 개성을 더욱 잘 표현할 수 있다.

비전선언문, 미션선언문, 가치선언문

제 4장에서는 조직의 비전, 미션, 가치관을 깊이 있게 다루었다. 비전
선언문과 미션선언문, 가치선언문은 광범위하게 공유할 수 있는 개념
들을 글로 나타낸 것이다. 이 선언문들을 작성하는 데에는 이사회와

최고 관리자의 승인을 받은 내용 그대로를 표현하기 위한 신중한 언어 선택과 구조화가 요구된다.

비전선언문, 미션선언문, 가치선언문은 일반대중들에게 노출되기 때문에 명확하고 이해하기 쉬워야 하며, 단체의 개성과 포지셔닝을 반영해야 한다. 이 사실을 숙지한 직원이라 해도 글을 간결하게 쓰는 일은 매우 어려우며, 세부사항을 너무 많이 붙여 넣거나 전문용어를 사용하게 되는 경우가 많다. 이러한 경우에는 선언문에 사용한 언어를 대중 언어로 교정할 수 있는 외부의 작가에게 의뢰하는 것이 가장 이상적이며, 작가가 비영리단체 경험이 있는 사람이면 더욱 좋다.

핵심 메시지

핵심 메시지는 단체가 소통대상의 마음속에 포지셔닝 하기 위해 반드시 전달해야 하는 생각들이다. 예를 들어 단체의 포지셔닝선언문에 공동체 발전이나 문제 해결을 주도하는 조직으로 단체를 묘사했다면 핵심 메시지는 반드시 리더십 위치를 명확하게 규정하고 정당화할 수 있어야 한다. 매체를 잘 아는 단체나 정치인들은 이미 오랜 기간 대변인을 통해 핵심 메시지를 활용해왔다.

다음은 뇌종양협회에서 사용하는 핵심 메시지 사례이다.

- 핵심 역량. 우리는 뇌종양과 관련된 모든 것들을 다루는 '대단히 믿음직한' 단체이다.

- 연구. 우리는 뇌종양 치료를 발전시키고 궁극적으로 치유할 수 있도록 하는 혁신적인 연구를 위해 현명하면서도 깊이 있게 투자를 한다.
- 환자서비스. 우리는 뇌종양으로 고통 받는 모든 사람들에게 최고의 자원과 후원을 제공한다.
- 협력. 우리는 치료책을 찾기 위해, 그리고 최고의 서비스를 제공하기 위해 최선을 다하여 총체적인 노력을 기울인다.
- 뇌종양에 관하여. 뇌종양은 통제할 수 없이 퍼지는 비정상적인 조직세포 덩어리로, 두개골에서 발생하며 정상적인 뇌 활동을 방해한다.

핵심 메시지는 비영리단체가 쓰는 모든 문서에 녹아 있어야 한다. 단체의 문체 지침에 맞춰 쓰여야 하지만 대중들과 직접 만나는 커뮤니케이션 수단에까지 쓸 필요는 없다. 예를 들어 웹페이지 방문자들이 "핵심 메시지"라는 제목으로 메시지들이 나열된 페이지까지 보아야 할 필요는 없다. 하지만 웹사이트 여기저기에 깃들어 있는 메시지는 볼 수 있을 것이다.

핵심 메시지는 다양한 방식으로 만들 수 있다. 어떤 단체는 주요 이해당사자들(직원, 자원봉사자, 회원, 이사회) 등의 모임을 만들어 반복적인 의견수렴 과정을 통해 단체의 정체성과 업무 등 본질적인 내용에 대해 간결하되 지나치게 함축적이지 않은 메시지를 만든다. 또 핵심 메시지를 개발하거나 내부 절차를 수월하게 진행하기 위해 외부 컨설턴트를 고용하는 곳도 있다.

내부적으로 핵심 메시지를 만들 때에는 반드시 "소통대상에게 우리 단체를 포지셔닝 하기 위해 어떤 메시지들을 써야 할까?"라는 질문으로 시작해야 한다. 다양한 메시지들을 만들고 싶겠지만 이 충동을 억제해야 한다. 핵심 메시지는 큰 개념이어야 한다. 사례나 핵심 쟁점들로 메시지를 뒷받침할 수는 있지만, 전면에 너무 많은 메시지를 내세워서는 안 된다. 그렇게 되면 사람들에게 이 메시지들을 기억하고, 정기적으로 사용하라고 요구하게 될 것이다. 메시지가 너무 많으면 번거롭고 복잡해서 정작 이 메시지를 반복해주기를 바라는 사람들로부터 무시를 당할 수 있다.

상용문구

일단 핵심 메시지가 마무리되면 미션선언문과 함께, 간결한 한두 구절에 단체 전체에 대한 메시지를 담은 포괄적이고, 소통대상 중심적인 상용문구를 만들어야 한다. 뇌종양협회에서 만든 상용문구는 핵심 메시지들을 이용해 서두에서 글 전체의 요점을 말하고 있다. 이 상용문구는 보도자료 하단 등에 단독으로 사용하거나 단체의 미션선언문과 함께 사용할 수 있다.

엘리베이터 피치

만약 엘리베이터에서 장차 단체의 기부자가 될 수도 있는 사람이 단체에 대해 묻는다면 뭐라고 대답할 것인가? 설명할 시간은 오직 1~2분뿐이며 가급적 쉽고 이해하기 쉬운 용어를 사용해야 한다. 이런 상황에서 단체에 관해 효과적으로 설명하는 것을 엘리베이터 피치라고 한다. 단체에 엘리베이터 피치가 정해져 있다면 할 말이 무엇인지 정확히 알 수 있다. 가장 이상적인 방법은 전 직원들과 이사회가 엘리베이터 피치를 외워서 누군가 단체에 관해 물었을 때 토시 하나 틀리지 않고 정확하게 말하는 것이다. 엘리베이터에서건 아니건 말이다. 엘리베이터 피치를 암기하지 못하겠다면 리더들은 최소한 요지라도 확실하게 알고 있어야 한다(이 장 뒷부분에서 다루겠지만 이와 관련된 훈련이 매우 중요하다). 강력한 엘리베이터 피치는 엘리베이터를 타는 짧은 순간에 조직적 수준에서 단체의 본질적인 부분을 전달한다. 단체의 존재 이유나 단체를 후원하는 것이 가치 있는 이유 등을 말이다. 이때 단체의 개성을 나타낼 수 있는 어조나 분위기로 말한다면 더욱 완벽하다. 사례 5-2는 뇌종양협회의 엘리베이터 피치이다. 매우 짧은 시간에 전달해야 하는 제약이 따르다보니 모든 핵심 메시지가 들어 있지는 않다. 또한 미션선언문에서 언급한 단체의 업무에 관해서도 상세하게 언급하지는 않는다. 대신 핵심적인 아이디어를 두 문장 안에 정제해서 넣었다.

용어집

소통대상이 단체를 더 잘 이해할 수 있도록 커뮤니케이션에 전문용어를 없애야 하는 단체나 정치적으로 올바르거나 보다 세심한 언어를 선호하는 단체에게 용어집은 아주 유용한 도구이다. 또한 용어집은 직

사례 5-2   뇌종양협회의 엘리베이터 피치

뇌종양협회는 최고 수준의 뇌종양 연구와 환자 지원 서비스를 망라하는 단체입니다. 우리는 병 진단을 받은 시점부터 치료가 끝난 후 관리에 이르기까지 매 단계마다 환자와 가족, 간병인에게 희망을 줍니다.

사례 5-3   오즈번 연합 용어집 발췌

오즈번 연합은 가능한 늘 긍정적인 언어를 사용해야 한다. 사람을 그 사람이 지은 범죄로 구분하는 법률집행 용어보다는 장점으로 그 사람을 규정하는 언어를 사용한다. 최악의 행위로 어떤 사람을 규정하는 표현을 사용하기보다는 최고의 모습, 가장 뛰어난 잠재력 등을 기반으로 한 표현을 사용한다. 개성을 상실하게 하는 표현은 늘 자제한다.

피해야 할 부정적 단어	사용해야 할 긍정적 언어
범죄자 (Offender)	법과 마찰이 있는 사람 (Person in conflict with the law)
전과자 (Ex-offender)	수감 경험이 있는 (Formerly incarcerated)
취약계층 아동 (Children at-risk)	빈곤 아동 (Children experiencing poverty) 수감 중인 아동 (Children of the incarcerated) 장애성 있는 아동 (Children of promise)
희생자 / 생존자 (Victim / Survivor)	범죄 피해를 입은 사람 (Person harmed by crime)
심신 결함, 위험한 상황 중 발언 (Speaking in deficits, risks)	힘을 갖고 발언 (Speaking in strength)
결손가정 출신의 (Came from a broken home)	부모와 떨어진 경험이 있는 (Experienced separation from parents)

원들이 메시지를 잘 이해하고 단체의 가치를 정확히 파악하는 데 이용되는 내부 자료이다. 사례 5-3은 뉴욕의 형사사법제도 관련 복지사업 단체인 '오즈번 연합'(Osborne Association)의 용어집에서 발췌한 내용이다.

용어집을 만들려면 먼저 직원들에게 전문용어 목록과 사용하지 않아야 할 어휘들 목록을 작성하게 한 후 이 언어들을 비영리 분야를 잘 모르는 사람들을 위한 단순하거나 더 나은 언어로 대체해야 한다. 직원들만큼 단체와 직접적으로 관련되지 않은 사람들(자원봉사자나 기부자 등)의 제안을 받아들이면 용어집을 좀더 소통대상 중심적으로 만들 수 있다.

메시징 플랫폼 구축하기

많은 단체들이 메시징 플랫폼을 만들거나 세부적으로 다듬는 과정에서 재능이 있는 직원이나 자원봉사자들의 도움을 받는다. 프리랜서나 에이전시 혹은 무료로 창의적인 작업을 제공받고자 하는 비영리단체와 숙련된 자원봉사자들을 연결해주는 탭룻 재단(www. TaprootFoundation. org) 등에 의존하는 단체도 있다.

메시징 플랫폼을 외부보다는 단체 내부적으로 만드는 편이 더 수월할 때도 있다. 앞에서도 언급했듯이 비전선언문, 미션선언문, 가치선언문, 용어집 등은 내부적으로 만드는 것이 이해하기 더 쉬울 수도 있다. 특정 단어들의 경우 그 단어를 매일 사용하는 직원들은 미묘한 차이까지 파악할 수 있지만 전문 카피라이터는 그렇게까지 정확하게 의미를 파악하지 못하는 경우도 있기 때문이다. 이와 반대로 이름, 표어, 핵심 메시지 등은 내부적으로 만들기가 훨씬 더 어렵다. 이 같은 요소를 만들 때에는 어떤 내용이 포함되어야 하고 또 어떤 내용이 생략될 수 있는지를 결정할 수 있는 객관적이고 계층적인 관점이 필요하기 때문이다.

하위 브랜드

단체의 규모가 커지다 보면 새로운 프로그램을 시작하면서 별도의 시각적 정체성과 메시징 플랫폼을 이용하는 경우가 많다. 하지만 프로그램 A를 위한 소통대상이 프로그램 B를 위한 소통대상과 완전히 다른 것이 아니라면(그리고 이들이 차별화되기를 원하는 것이 아니라면) 이러한 접근방식은 득보다는 실이 많을 수 있다. 자금조달의 관점에서 보면 모든 프로그램들이 단체의 주된 브랜드와 연결되어 있어야 프로그램을 더 쉽게 이해할 수 있다. 프로그램 A를 읽는 기부자들도 이 프로그램을 하나의 독립된 프로젝트로 보기보다는 단체 프로그램의 일환으로 연관 지을 수 있다. 이러한 관점에서 보면, 프로그램 A에 참가하는 사람이 많으면 프로그램 B에도 이득이 될 수 있다. 그러니 당연히 단체와 관련된 브랜드를 만드는 것이 낫지 않은가?

가능하면 프로그램 이름을 단체와 관련해서 짓고, 단체와의 연관성에 혼란을 줄 수 있는 시각적 정체성이나 메시징 플랫폼들은 피하는 것이 좋다. 그림 5-9는 뇌종양협회의 로고와 표어가 타이포그래피와 상징, 명암을 달리한 색상 등을 통해 어떻게 3가지 특정 하위브랜드와 관련을 맺는지를 보여준다.

 National Brain Tumor Society
Leading through research and support

 Ride for Research
New England unites to fight brain tumors

 Brain Tumor Walk
Bay Area unites to fight brain tumors

 Race for Hope
San Francisco unites to fight brain tumors

그림 5-9 뇌종양협회 로고와 표어
- 연구를 위한 승마 – 뇌종양과 싸우는 뉴잉글랜드 연합
- 뇌종양 환우들을 위한 걷기 – 뇌종양과 싸우는 베이 에어리어 연합
- 희망을 위한 경주 – 뇌종양과 싸우는 샌프란시스코 연합

정체성 통합

스타일 지침서와 훈련은 시각적 정체성과 메시징 플랫폼이 일상의 커뮤니케이션에 효과적으로 흡수되는 데에 도움이 된다.

스타일 지침서

스타일 지침서는 단체의 시각적 정체성과 메시징 플랫폼을 만드는 사람, 즉 외부 대행업체나 프리랜서, 자원봉사자, 직원 등이 작성한 문서이다. 이 지침서는 단체의 정체성 수준에서 중요한 세부사항들을 포착한 후 언제든지 쉽게 참조하고 사용하도록 만든 것이다. 유용한 스타일 지침서에는 정체성 수준의 요소들이 일관되게 사용되는지를 분명히 하기 위해 반드시 따라야 하는 규칙들이 규정되어 있다. 예를 들어 단체의 이름을 어떻게 줄여 부를 것인가 등에 관한 내용도 스타일 지침서에 들어 있다.

스타일 지침서는 제도적 기억(*institutional memory*) ▪ 을 형성한다. 또한 새로운 직원들과 이사회 구성원들이 단체의 정체성 수준의 커뮤니케이션 요소들을 만들고 사용하는 방법에 관한 세부적인 사항들을 빠르게 이해할 수 있도록 하는 데 중요한 역할을 한다.

스타일 지침서에는 다음 내용들이 포함된다.

▪ 역주— 단체 구성원들이 공유하는 사실, 개념, 경험, 노하우 등을 지칭하는 표현.

- 단체의 포지셔닝과 개성선언문
- 이름, 제목, 각 단체를 운영하고 커뮤니케이션을 승인하는 책임
  자들의 연락처
- 커뮤니케이션 개발 과정
- 단체의 비전선언문, 미션선언문, 가치선언문
- 단체의 로고를 사용할지 사용하지 않을지를 정하는 방식
- 표어를 사용할지 사용하지 않을지를 정하는 방식
- 가장 중요한 색과 그 다음 중요한 색을 정한 색채 팔레트
- 인쇄물과 온라인에서 사용하는 글꼴
- 반드시 사용해야 하는 사진과 다른 그래픽 요소(일러스트레이션이
  나 아이콘 등과 같은)를 정하는 방식
- 주장을 지지하거나 뒷받침하는 요소들을 갖춘 핵심 메시지
- 상용문구
- 엘리베이터 피치
- 용어집
- 서버에서 직원들에게 필요한 파일들의 위치

스타일 지침서는 시각적 정체성, 메시징 플랫폼, 관련된 문서 등을 형식화해서 쉽게 참조할 수 있다는 점에서 매우 유용하다. 개인적으로는 글자가 적고 시각적 요소가 많은 스타일 지침서를 선호한다. 그래야 원하는 것을 빠르게 찾아볼 수 있기 때문이다. 스타일 지침서에 브랜드가 효과를 발휘할 만한 모든 방법을 나열하는 것은 그다지 큰 의

미가 없다. 훨씬 더 중요한 것은 핵심 요소들을 언급해서 직원들이 단체 고유의 커뮤니케이션 방식을 만들고, 이렇게 만든 커뮤니케이션을 일관되게 사용할 수 있도록 하는 것이다.

큰 규모의 단체에서는 커뮤니케이션 이사가 스타일 지침서를 담당하고, 커뮤니케이션 직원이나 담당이사가 특별히 정해져 있지 않은 작은 단체에서는 개발이사가 이를 담당한다. 매년 스타일 지침서를 검토하고 수정할 부분이 있으면 수정하고 갱신해서 늘 업무에 참조할 수 있도록 한다.

훈련

훈련은 단체의 직원, 리더, 기타 대변인 등이 말을 하거나 글을 쓸 때 메시징 플랫폼을 사용하는 데 도움을 주며, 단체를 운영하거나 각 요소들을 디자인할 때 시각적 정체성을 사용하는 방법을 이해하도록 하는 데도 도움이 된다. 또한 정체성 수준의 커뮤니케이션에 관한 제도화된 기억, 지원, 주인의식 등을 구축하는 가장 좋은 방법이기도 하다. 훈련을 통해 직원과 이사들은 단체의 전반적인 업무 맥락을 파악할 수 있고, 브랜드를 이용하는 방법과 각자의 역할에서 브랜드를 적용하는 방법을 이해할 수 있으며, 지속적으로 브랜드를 이용하도록 동기부여를 받을 수 있다.

보통 훈련은 스타일 지침서를 이용한다. 대개 시각적 정체성과 메시징 플랫폼을 만드는 사람들이 이 훈련을 지도한다. 이사회만 참여하는 훈련, 직원들만 참여하는 훈련, 두 집단이 함께 참여하는 훈련 등 특정 집단에 국한된 훈련이 있긴 하지만 중요한 것은 적절한 훈련을 통해 직원이나 이사들이 유대감과 공감대를 형성할 수 있다는 점이다. 공식적으로도 비공식적으로도, 직원과 이사들은 단체를 대표하는 사람들이기 때문이다.

훈련에는 아래 내용들이 포함될 수 있다.

- 단체가 브랜드레이징을 최우선 과제로 삼는 이유는 무엇이며, 이러한 변화와 새로운 접근방식을 통해 단체가 얻고자 하는 것은 무엇인가.
- 단체의 포지셔닝과 개성은 무엇이며, 이러한 개념들이 직원들이나 이사회가 수행하는 일상업무와 어떤 관련이 있는가.
- 시각적 정체성과 메시징 플랫폼을 어떻게 사용하는가.
- 새로운 정체성을 사용하면서 궁금한 점이 있거나, 문제가 생겼을 때, 도움이 필요할 때 누구에게 가야 하는가.

쪽지를 이용하라

이미 아는 이들도 있겠지만 명함과 비슷한 크기의 작은 종이에 단체의 미션선언문, 엘리베이터 피치, 핵심 메시지 등을 적어 가지고 다니면 매우 유용하다. 이러한 종류의 '쪽지'는 훈련을 받을 때 가장 유용하게 사용할 수 있다. 그래야 쪽지 사용법을 제대로 익힐 수 있기 때문이다.

훈련시켜야 할 주요 인물 정하기

단체를 대표해 효과적으로 커뮤니케이션을 하려면 직원 모두에게 최소한 스타일 지침서 한 부와 기본적인 훈련 정도는 필요하다. 보다 깊이 있는 훈련이 필요한 이들도 있을 것이다. 다음은 기본 훈련을 위한 몇 가지 제안이다.

- 단체 외부 사람들이 처음 접하게 되는 직원들(접수 담당자, 사회복지 상담사 등) : 시간을 들여 단체의 개성을 논의하고, 최초로 외부인과 접한다는 독특한 시각적 역할이 주어진 이들이 어떻게 단체의 개성을 외부인에게 전달할 것인지도 논의한다. (직접 외부인과 접수 담당자가 되어 가상의 대화를 하는) 역할극은 직원들이 단체의 미션, 포지셔닝, 개성을 잘 표현하기 위해 사용하는 문구 등을 규정하는 데 유용한 수단이 될 수 있다.
- 이사회 : 이사회 구성원 중 대변인 역할을 하는 사람이 있는 경우 단체의 조직적 수준과 정체성 수준의 요소들을 활용하는 방법에 대해 정기적으로 일대일 토론을 하면 더욱 도움이 될 수 있다. 역할 연기는 메시징 플랫폼을 더욱 편하게 이용하도록 하는 데 도움이 된다.
- 대변인 : 보통은 이사나 임원들이 단체의 대변인 역할을 하는 경우가 많다. 대변인은 언론매체에 의견을 발표하고, 입법 청문회가 진행되는 동안 증언을 하고, 기자회견을 주최하는 등의 일을 한다. 예산이 허락한다면, 대변인에게 언론 관련 전문교육을 시

키고 시각적 정체성과 메시징 플랫폼 요소들에 대한 교육도 강화한다. 언론 훈련 담당자는 언론 종사자들과 비영리단체 경험이 충분한 전문가들로 구성하는 것이 이상적이다. 효과적인 언론 훈련을 받은 대변인은 더욱 명확하고, 분명하고, 자신감 있고, 단체의 노선에 충실한 어조로 대중들 앞에서 말할 수 있을 것이다.

• 유명인사와 기타 대표들: 단체의 노선에 관해 명확히 말할 수 있도록 유명인사들을 교육시키기는 매우 어렵지만 이는 그만한 가치가 있다. 유명인사들 중 상당수가 중요한 곳을 드나드는 언론인 인맥이 있다. 유명인사나 이사가 언론인과 비공개회의를 할 때 미션선언문, 엘리베이터 피치, 핵심 메시지 등을 적어둔 쪽지를 이용하면 도움이 될 수 있다.

요약

정체성 수준은 로고, 색상, 글꼴, 사진, 기타 그래픽 요소 등의 시각적 정체성과 이름, 표어, 비전선언문, 미션선언문, 가치선언문, 핵심 메시지, 상용문구, 용어집 등의 메시징 플랫폼으로 이루어진다.

단체에서 시각적 수준의 요소들을 만들거나 갱신할 때 모든 단체에서 공식적으로 이 요소들을 만드는 것은 아니다.

정체성 수준에는 전문적으로 글을 쓰는 사람이나 그래픽 디자이너 등과 같은 외부의 전문가 도움 없이 만들어야 하는 가장 힘든 요소들도 포함된다.

일단 정체성 수준이 만들어지면 반드시 제도화해야 한다. 제도화는 스타일 지침서를 만들고 주요 내부 이해당사자들과 대변인들을 훈련시키는 것을 통해 이루어진다.

3. **경험적 수준** : 소통대상을 단체와 연결시켜주는 소통경로와 수단들

제6장

경험적
수준의
브랜드레이징

지금 세상을 더 나은 곳으로 만드는 일에 헌신하고 있는 사람이라면, 마케팅에 고도의 집중투자를 하는 영리세계를 냉소적으로 바라보기 쉽다. 일부 영리단체들은 마케팅과 커뮤니케이션에 필요한 메시지들을 충분히 만들기도 전에 투자부터 크게 하기도 한다. 훌륭한 광고나, 값비싼 매체 노출 혹은 유명인사 등이 비영리단체의 인지도를 높여준다 해도 최우선적으로 중요한 것은 실질적이고 효과적인 프로그램이 있어야 한다는 점이며, 여기에는 이견이 없을 것이다. 실질적이고 효과적인 프로그램을 갖추고 난 후에 여러 질문들을 해볼 수 있다. "미션을 성취하기 위해 접촉하고자 하는 수혜자, 기부자, 정책결정자, 매체 등에 어떻게 알릴 것인가?" 우리 단체는 어떻게 기부자의 관점, 수혜자의 관점, 기자의 관점, 정책결정자의 관점을 파악하고, 이해하고 경험하는가? 전략적 계획을 짤 때나 커뮤니케이션을 실행할 때, 어떤 커뮤니케이션 경로를 이용하든지 간에 이 질문을 몇 번이고 되물어야 한다.

이제부터 온라인, 인쇄물, 직접대면, 방송, 휴대폰 등을 이용한 가장 일반적인 커뮤니케이션 방식을 살펴보도록 하겠다. 그리고 이러한 경로를 통해 소통을 했을 때 어떤 변화가 일어나는지도 살펴보도록 할 것이다. 하지만 이러한 커뮤니케이션 경로에만 전적으로 의지해서는 안 되며 그렇다고 해서 개인의 경험에만 의존해서도 안 된다. 효과적으로 커뮤니케이션을 하려면 양자를 고려해야 한다.

소통대상 중심의 커뮤니케이션 채널을 선택하라

개인들이 비영리단체와 관계를 맺은 동기는 제각기 다르다 할지라도 이용할 수 있는 커뮤니케이션 경로의 가짓수는 한정되어 있다. 단체에서 이용할 수 있는 경로는 온라인, 인쇄매체, 직접대면, 방송, 휴대폰 등이다. 이러한 경로를 통해 소통대상은 단체와 직접 상호작용을 한다.

보통 단체에서는 커뮤니케이션 경로에만 매달리고 인간적인 경험은 소홀히 하기 쉽다. 지금 단체에서 커뮤니케이션을 하는 대상들은 앞으로 단체와 관계를 맺으며 살아가게 된다. 그들은 단체의 소식지나 웹사이트를 그렇게 집중해서 보지 않을 수도 있다. 어쩌면 눈에 띄지 않는 TV 방송으로, 다른 이메일들과 함께 묻혀서, 잘 만든 다른 웹사이트들 사이에서, 검토해달라고 요청받은 보고서 더미 속에서, 스마트폰 속에서 단체 소식을 흘끗 보고는 지나칠 수도 있다. 효과적인 브랜드레이징은 소통대상 중심의 관점에서 커뮤니케이션 채널과 도구를 선택한다.

　소통대상의 관점에 맞게 접근하는 가장 좋은 방식을 찾으려면 서베이 멍키(www. surveymonkey. com), 줌머랭(www. zoomerang. com) 등과 같은 무료 여론조사 사이트나 저렴한 온라인 여론조사 수단을 이용한다. 그리고 단체의 홈페이지나 이메일 등에 이 온라인 여론조사를 첨부한다. 다음과 같은 다양한 질문들을 할 수 있다.

- 우리 단체를 어떻게 알게 되셨습니까? (가능한 대답: 친구의 권유, 인터넷 검색, 우편물, 기타)
- 지난달 우리 단체 관련 소식지나 정보지를 받거나 본 적이 있습니까? (가능한 대답: 웹사이트, 이메일, 소식지, 우편, 기타)

질문은 최소한이어야 하며 선택사항은 명확하고 전문용어가 없어야 한다. 이 여론조사는 디지털 방식으로 접촉한 대상들의 취향과 선호도 정도만 대략적으로 파악할 수 있을 뿐이다. 하지만 향후 대화나 개별, 집단 인터뷰를 통해 심화시킬 여지가 있는 유용한 통찰력을 제공하기도 한다.

기부자와 잠재기부자들이 어떻게 단체를 접하게 되었고
어떻게 생각하는가?

기부자나 잠재기부자들이 어떻게 단체를 알게 되었을까? 이사회 구성원에게서 들었는가? 우편물로 권유를 받았는가? 언론매체에서 읽었는가? 친구의 트위터에서 단체 이름이 언급된 것을 보았는가? 가이드스타(GuideStar), 와이즈 기빙 얼라이언스(Wise Giving Alliance) 등과 같은 비영리기관 정보제공업체를 통해 찾았는가?

단체에 관해 더 알고 싶을 때, 이들은 단체의 소식지를 받아보는 데 동의하는가? 연차 보고서를 요구하는가? 페이스북 친구를 요청하는가? 전화를 걸어 더 많은 정보를 물어보는가?

이 모든 진입점(*point of entry*)들은 현재에도, 그리고 잠재적으로도 가치가 있다. 기부자와 관계를 맺는 기술은 이들이 연락을 취해왔을 때 여러분이 어떻게 대응하는지에 달려 있다.

초창기부터 단체와 관계를 맺은 기부자들에 대해 얼마나 잘 아는지, 최근 이들이 단체에 헌신하는 데 도움을 준 커뮤니케이션은 무엇인지를 파악하라. 가령, 단체의 이사를 친구로 둔 사람이 있다고 생각해보자. 단체를 알게 된 것은 이사인 친구 덕분이지만 처음 단체의 일에 관심을 갖게 된 것은 단체 프로그램을 둘러보고 나서라고 생각해보자. 그렇다면 이들에게는 직접 대면하는 커뮤니케이션이 가장 중요한 기부경로가 될 것이다.

기부자나 잠재기부자가 어떻게 단체를 알게 되었는지를 알기는 쉬

위도 이들이 단체에 대해 어떻게 생각하는지를 파악하는 일은 훨씬 더 어려울 수 있다. 기부와 관련되거나 기부를 요청받는 것에 대하여 그들이 망설였는가? 아니면 마침내 여러분의 단체를 알게 되었다며 매우 기뻐했는가? 지나치게 많은 것을 요구하지만 않는다면 기꺼이 도우려고 하는가?

모든 기부자들에게 단체와의 관계에 대해 어떻게 생각하는지를 일일이 묻는 것은 비현실적인 방법이다. 하지만 일부만 선택해서 물어볼 수는 있다. 단체에 대해서 어떻게 생각하며 단체와 소통하고 싶은 채널은 무엇인지, 시간을 들여 기부자들에게 물어보라. 이들의 답변을 경청하고 그 기대를 충족시킬 때, 더욱 깊은 신뢰와 지지를 얻을 수 있다.

수혜자들은 단체를 어떻게 경험하는가?

수혜자의 관점은 물론 단체의 미션에 따라 수혜자들이 단체를 바라보는 시각은 매우 다양할 것이다. 수혜자들은 단체 프로그램에 관한 내용을 구두로 전해 들었는가? 아니면 전단지나 인쇄물을 통해 보았는가? 아니면 에이전시나 친구를 통해 들었는가? 수혜자들과 참가자들이 단체의 프로그램과 서비스에 참가하기 위해 올 때, 여러분의 손에는 단체나 특정 프로그램을 설명하는 안내물이나 전단지가 들려 있는가? 단체를 방문한 수혜자를 위해 단체가 어떤 곳인지, 어떤 일을 하는지를 알 수 있는 표시가 벽에 걸려 있는가? 수혜자들은 단체가 어떤 곳인지, 어떤 활동을 해왔는지를 설명해주는 직원과 이야기를 하고 있는가?

2008년, 뉴욕 퀸즈에서 공영주택 개발 관련 업무를 하는 복지시설인 이스트 리버 개발동맹(East River Development Alliance)의 한 직원은 무료 서비스를 제공하기 위해 만들어진 공동체가 제대로 이용되지 않고 있다는 사실을 발견했다. 오히려 이 공동체가 덜 필요할 것 같은 거주자들만 있었다. 이스트 리버 개발동맹은 적극적인 마케팅을 하고 있었다. 전단지를 돌리고, 광고를 하고, 심지어 프로그램에 참여할 사람들을 데리고 오는 사람에게는 성과금도 지원했다. 프로그램 자체는 매우 눈에 띄었다. 직원, 전 수혜자 등은 단체 덕택에 성공적으로 삶을 변화시킬 수 있었던 사람들 이야기를 입에서 입으로 전했다. 그런데 어째서 이 서비스가 가장 필요한 사람들은 정작 오지 않았던 것일까?

그 지역의 비공식적인 포커스 그룹■을 상대로 한 여론조사 결과를 보면 많은 사람들이 단체의 이름과 프로그램을 알고 있음을 알 수 있었다. 하지만 이들은 단체가 하는 일에 일부 회의적인 반응을 보였다. "내가 낸 세금으로 나를 공짜로 돕는다고? 분명 뭔가 문제가 있을 거야." "세상에 공짜가 어디 있어." 이 비공식적인 포커스 그룹(5명)의 사례를 통해 이스트 리버 개발동맹은 단체의 프로그램을 통해 도움을 받은 사람들의 이야기를 전하거나 공동체에서 직접 말로 사례들을 전

■ 역주— 시장조사나 여론조사를 위해 각 계층을 대표하도록 뽑은 소수의 사람들.

154

달하는 것이 더 효과적임을 알 수 있었다. 공짜로 무언가를 얻을 수 있다는 점을 강조하는 엽서를 보내는 대신 프로그램을 마친 사람들과 이들의 친구를 초청해 자신들이 받았던 서비스의 가치에 관해 토론을 하는 행사 등을 개최하는 것이 더 효과적이었다. 이 단체는 새로운 전략, 새로운 소통경로와 수단을 이용해 마케팅 접근방식을 바꾸었고, 방식을 바꾸자마자 소통대상이었던 마을 공동체 회원들이 대거 프로그램에 참여해 참가자들이 증가하게 되었다.

수혜자에게 가장 적절하게 접근한다는 말은 프로그램을 근무시간 후에 혹은 주말에 개최하고, 두 언어를 구사하는 직원을 두거나 혹은 묻지 않고도 화장실을 찾아갈 수 있는 표지판을 설치해야 한다는 의미이다. 또한 프로그램의 독해 수준을 조정하고, 다른 요소들을 늘이거나 줄이고, 글씨를 더 크게 하고, 사무실에 들어오는 모든 사람을 환한 미소로 맞이한다는 의미이다.

많은 사람들, 특히 사회적 서비스를 받기 위해 오는 수혜자들은 새로운 상황을 걱정한다. 이들에게 편안한 느낌을 주고, 단체를 이해시키고, 단체를 통해 무엇을 얻을 수 있는지를 알게 해주는 커뮤니케이션 수단이야말로 가장 중요한 첫걸음인지도 모른다.

매체는 단체를 어떻게 경험하는가?

기자나 블로거, 다른 언론 종사자들은 단체와 어떻게 접촉을 하는가? 인터넷에서 기사를 검색하다가? 직원들이 보낸 보도자료를 통해? 아니면 인기 블로거의 글을 읽거나 인터뷰를 한 사람들의 인터뷰 내용을 보고? 이들이 단체의 웹사이트를 방문했을 때 단체의 미션선언문을 쉽게 찾을 수 있는가? 이들이 온라인 소식 게시판을 방문하는가? 이들이 단체에 전화를 하면 즉시 정해진 담당자와 통화를 할 수 있는가? 음성 메시지에 전화번호가 남겨져 있어서 담당자가 쉽게 다시 연락할 수 있는가?

여러 소통대상들 중 특히 언론매체는 매우 구체적인 커뮤니케이션 경로에 의존한다. 무엇보다도 단체의 웹사이트(특히 소식 게시판)는 매체에 단체의 주요 업무를 이해시킬 만한 핵심 정보를 제공해야 하며 담당자 연락처가 명확하게 있어야 한다. 보도자료나 기자회견 역시 언론인에게 접촉하는 주요수단이다.

언론인과 블로거들은 보통 신뢰할 만한 정보를 빨리 찾느라 늘 바쁜 사람들이다. 만약 단체 웹사이트에서 원하는 정보를 빠르게 찾을 수 없거나, 접촉해야 할 사람의 연락처를 빨리 찾을 수 없다면 다른 곳에 가서 필요한 정보를 찾는다. 이들은 자신들이 하고자 하는 이야기와 직접 관련이 없는 정보는 받고 싶어 하지 않는다.

정책결정자는 단체를 어떻게 경험하는가?

입법 보좌관이나 의회 직원들이 여러분의 단체 업무와 관련된 주제를 찾는다고 생각해보자. 이들이 온라인을 검색하면 쉽게 단체를 찾을 수 있는가? 이들이 단체에서 최근에 보낸 이메일 캠페인을 기억할 것인가? 혹은 선거구민이나 동료들에게 단체 이야기를 들었을까? 단체 웹사이트를 방문하면 원하는 내용에 쉽게 접근할 수 있는가? 이사나 다른 간부 직원과 이야기를 나누고 싶다면 쉽게 연락처를 찾을 수 있는가? 전화를 하면 즉시 그 사람과 통화를 할 수 있는가?

정책결정자들과 관련 업무 종사자들은 주도적으로 여러분의 단체를 찾는 얼마 되지 않는 소통대상이다. 이들이 단체에 연락을 하는 경우는 컨설턴트나 단체 직원 혹은 믿을 만한 동료 등 누군가가 현장활동을 하고 그들과 관련을 맺었기 때문인 경우가 많다. 이들은 믿을 만한 정보를 찾는다. 해당 주제에 관해 신뢰할 만한 말을 할 수 있는 신임 있는 사람을 말이다. 이러한 사람은 주로 단체 내부자로 경험에서 우러나온 말을 해줄 수 있는 프로그램 직원이나 평범한 직원인 경우가 많다.

소통대상 속으로 들어가기

전시에는 기자들이 전쟁의 실상을 더 깊이 이해하고 취재능력을 더욱 기르기 위해 직접 군에 들어간다. 대상을 잘 알 수 있는 가장 좋은 방법은 그 속으로 완전히 스며드는 것이다. 소통대상의 커뮤니케이션 습관이나 선호도를 더 잘 알기 위해 일주일을 꼬박 몰두한다고 생각해보자. 만약 자원개발 부서에 있는 사람이라면 기업의 관점, 재단의 관점, 개인 후원자들의 관점을 파악하느라 일주일을 보낼 것이다. 만약 프로그램 담당자라면 수혜자의 의견에 더욱 집중하고 싶어 할 것이다.

각자 맡은 업무에 따라 일의 진행방식도 다르다.

소통대상이 허락한다면, 정해진 날 몇몇 단체의 대표자들이 일정 시간 동안 소통대상을 따라다니는 것도 한 방법이다. 단체와 관련된 그들의 활동보다는 평상시의 활동을 지켜본다. 소통대상을 따라다니 며 다음 사항들에 주목하라.

- 소통대상은 전화, 사람과의 만남, 온라인, 독서, 휴대전화 문자 등에 얼마나 시간을 사용하는가?
- 이들이 관리하는 정보는 얼마나 되는가? 이들은 많은 양의 정보 를 동시에 여러 가지 일을 하며 처리하는가? 혹은 실시간으로 응 답하고 행동하는가? 혹은, 업무처리 시 읽고 정리한 후 움직이 는, 조직적인 방식을 선호하는가?
- 트위터, 페이스북, 기타 소셜 네트워킹 도구를 규칙적으로 사용 하는가?
- 특별히 편하거나 불편하게 생각하는 커뮤니케이션 수단이 있는 가? 전화를 더 선호하는가 아니면 얼굴을 맞대고 직접 이야기하 기를 좋아하는가, 아니면 문자나 메신저, 이메일 등을 사용하기 를 더 선호하는가?
- 정보를 받았을 때 이들은 받은 정보를 어떻게 처리하는가? 분류 해서 보관하는가? 무시하는가? 친구나 동료들과 공유하는가?

관찰이 끝나는 시점에서 관찰한 대상들과 함께 개개인들에 어떤 특징이 있었는지, 각자가 단체와의 커뮤니케이션에 사용하고 싶은 수단은 무엇이라고 생각하는지 대화를 나누면 도움이 된다.

현장에서 사람을 따라다니며 시간을 보내는 방법이 비현실적이라면 간략한 여론조사에 이 방식을 적용할 수도 있다. 하지만 소통대상이 의식적으로 그들의 활동을 말해주는 것보다는 그들 곁에서 직접 그들의 삶을 느낄 때 더욱 진정성 있는 정보를 얻을 수 있다.

조사를 마치고 주말에는 알아낸 사실을 기록하고 다른 직원들과 함께 공유하라. 나중에 이용하거나 참조하기 위해 연구한 소통대상의 페르소나를 써도 좋다. 직원들과 이야기를 나눌 때 아래 질문들에 관한 답을 말한다면 단체에 더욱 도움이 될 것이다.

• 소통대상의 삶의 방식과 커뮤니케이션 선호도에서 가장 놀라운 점은 무엇이었는가?
• 별로 놀랍지 않았던 것은 무엇인가?
• 어떤 경로가 소통대상에게 다가가는 데 가장 효과적이었는가?
• 어떤 경로가 가장 효과가 적었는가?
• 단체에 있는 모든 사람들이 이 소통대상들과 소통할 때 가장 유념해야 할 점은 무엇인가?

온라인

온라인과 방송에서 겹치는 부분이 점점 증가하고 있다. 이 부분은 뒷부분에서 상세히 다루도록 하겠다. 지금은 온라인과 방송 채널을 따로 생각해보도록 하겠다. 아래 온라인 수단을 먼저 생각해보자.

- 웹사이트
- 이메일(HTML, 문자만, 바이러스성)
- 블로그, 게시판, 메일링 리스트, 기타 상호적이고 사용자가 제작한 콘텐츠
- 웨비나(Webinars) ▪
- 소셜 네트워크[링크드인, 페이스북, 마이스페이스(MySpace), 체인전트(Changents), 이언스(Eons) 등]
- 소셜 미디어와 애그리게이터(*aggregator*) ▪ ▪ [트위터, 딜리셔스(Delicious), 디그(Digg), 프랜드피드(FriendFeed), RSS 피드 등]
- 클릭당 비용을 지불하는 광고, 배너광고, 기타 온라인광고나 마케팅
- 가상세계[세컨드라이프(Second Life) 등과 같은]

▪ 역주—Web based seminar의 줄임말, 웹을 기반으로 한 세미나.
▪ ▪ 역주—여러 정보를 통합해 하나의 웹사이트에 모아 보여주는 서비스를 제공하는 사람.

온라인으로 사람을 만나고 관계를 구축할 수 있는 새로운 수단이 몇 달에 한 번씩 등장한다. 비영리단체에서 규칙적으로 사용하는 이러한 수단들을 살펴보도록 하겠다.

웹 2.0

1990년대 후반, 대부분 비영리단체들이 처음으로 웹사이트를 만들었다. 초창기의 웹사이트는 작고, 그다지 상호적이지도 않았으며, 브로슈어에 보았음 직한 정보들을 다시 옮겨 적어놓은 수준에 불과했다. 일부 웹사이트는 온라인 기부를 받거나 웹사이트 운영 시스템을 이용해 직원들이 업데이트를 할 수 있는 시스템을 구축하였지만, 비영리단체에서 프로그램 툴이나 상호작용 같은 기능을 제공하는 웹사이트를 구축한 경우는 매우 드물었다.

하지만 시대가 바뀌었다. 현대의 비영리단체들은 가상세계에서 이벤트를 열고, 정식 직원을 두어 블로그, 블로그 방문자, 블로그 게시글 등을 모니터하며, 자신들만의 온라인 커뮤니티를 만들어 유지한다. 오늘날 웹 2.0은 대부분 사람들이 '온라인' 하면 떠올리는 월드 와이드 웹(World Wide Web)의 쌍방향 형태를 묘사하기 위해 사용된다. 웹상에서 우리는 정적인 웹페이지를 단순히 읽고 보는 것이 아니라 댓글을 달고, 의견을 나누고, 타인의 의견을 듣는다.

지난 몇 년 동안, 규모가 매우 작은 비영리단체까지도 웹 2.0, 사용자 생성 콘텐츠, 소셜 미디어 등을 받아들이는 법을 배웠으며, 특히

30대 혹은 더 젊은 층과의 소통에 이러한 도구들을 보다 효과적으로 사용하는 법을 알기 위해 노력해왔다. 비영리단체에서 페이스북에 대해 알아야 할 점은 무엇일까? 트위터는? 링크드인은? 유튜브는? 플리커는? 대다수 비영리단체들이 간과하는 문제가 있다. 바로 쌍방향 커뮤니케이션 전담직원을 두는 문제이다. 이러한 온라인 도구들은 매일매일 모니터하고 관리하는 전담직원이 있어야 한다.

소셜 미디어나 소셜 모금 혹은 웹 2.0에 대한 이야기가 오갈 때 전혀 못 알아듣는다고 해도 걱정할 것 없다. 도움을 받을 수 있는 곳은 무수히 많다. 커먼크래프트(Common Craft, www. commoncraft. com/ show)에서 만든 교육용 영상을 보면서 배울 수도 있다. 이곳에서 제공하는 영상들은 팟캐스팅(Podcasting), ■ 소셜 북마킹(Social Book- marking), ■■ 트위터, 기타 새로운 매체 등에 관해 누구나 이해할 수 있는 쉬운 표현으로 설명해준다. 이곳에서 제공하는 영상물 몇 편만 보면 다음 회의에서는 직원들이 하는 말을 어느 정도 이해할 수 있을 것이다.

베스 칸터(Beth Kanter)는 비영리 분야 소셜 미디어 이용에 관한 컨설팅의 선두주자이다. 그녀는 "베스의 블로그: 비영리단체는 소셜 미디어를 어떻게 이용해야 하는가"라는 이름의 매우 훌륭한 블로그를 운

■ 역주 — 인터넷을 통하여 영화, 드라마, 음원, 강의 등의 콘텐츠를 MP3 플레이어 등으로 내려받아 보는 서비스.
■■ 역주 — 즐겨찾기 목록 공유 사이트에 자신의 즐겨찾기 사이트나 키워드를 저장해 다른 사람들과 공유하는 것.

영한다. 이 블로그에는 새로운 미디어에 관한 모든 내용들이 담겨 있다(www. bethkanter. org).

쉘린 리(Charlene Li)와 조쉬 버노프(Josh Bernoff)의 저서 《그라운즈 웰: 소셜 테크놀로지로 변화하는 세계에서 승리하기》(*Grounds well: Winning in a World Transformed by Social Technologies*) 또한 매우 훌륭한 교재이다. 이들 역시 블로그를 운영한다(blogs. forrester. typepad. com /groundswell).

최근에는 NTEN(Nonprofit Technology Network: 비영리 테크놀로지 네트워크)이라는 회원제 단체에서 웨비나, 훈련 커리큘럼 및 기타 모든 수준의 비영리단체 직원들을 위한 매우 훌륭한 자료를 제공한다 (www. nten. org). 그중에서도 '우리가 미디어다' 프로젝트(We Are Media, www. wearemedia. org)는 요긴한 소셜 미디어 콘텐츠들로 가득하다. 이러한 웹사이트들은 비영리단체를 위한 '소셜 미디어 첫걸음' 용으로 제작되었으며 내용도 매우 훌륭하다.

흐름에 적절하게 대처하기

여러분의 단체는 새로 등장하는 온라인 기술과 단체에 필요한 쌍방향 활동을 제대로 따라잡고 있는가? 어떻게 의사결정을 하는가? (어쩌면 적을지도 모르는) 온라인 예산을 어디에 투자할지 어떻게 결정하는가? 단체의 커뮤니케이션에서 조직적 수준으로 되돌아가 다음 몇 가지 질문들을 해보자.

- 소셜 네트워크나 커뮤니티 사이트 등의 새로운 (소통) 포럼과 같
  은 온라인 커뮤니케이션 방법이 여러분 단체의 가치, 목적, 혹은
  개성과 일치하는가?
- 현재 소통대상이 온라인에서 가장 많은 시간을 보내는 곳은 어디
  인가? 예컨대 페이스북에서 가장 많은 시간을 보낸다면 이는 주
  요 소통대상과 더욱 친밀한 관계를 맺을 기회가 될 수 있는가?
- 소셜 미디어가 단체의 목표 포지셔닝을 뒷받침하는가? 그리고 다
  른 단체들과 차별화하는 데 도움이 되는가?
- 장차 중요한 콘텐츠로 활용될 대화들을 모니터하고 제대로 운영
  할 전담직원이 있는가?

네트워크 이용자를 소통대상으로 둔 단체, 특히 리더십을 반영하는
포지션과 '최첨단의 혹은 혁신적인 단체' 등의 개성을 알리려고 노력하
는 단체라면 온라인 수단과 새로운 미디어를 모니터하고 이를 능숙하
게 다룰 수 있는 직원을 고용할 것이다.

변화가 빠른 온라인 세계에 맞게 비영리단체도 웹사이트를 2~3년
에 한 번씩은 철저하게 점검해야 한다. 혹은 지금은 온라인 커뮤니티
가 소통의 중심이 아니지만 훗날 소통대상들과 소통할 수 있는 커뮤니
티를 만들어두는 것도 필요하다. 단체의 규모나 미션에 따라 소셜 미
디어만 전담하는 직원들을 얼마나 둘지 결정해야 한다. 더욱 많은 단
체들이 기부자, 수혜자 등에 대해 보다 적극적인 이메일 캠페인을 계
획하고 있거나 실행 중이다.

소셜 네트워크

비영리단체가 반드시 소셜 네트워크에 참여해야 할까? 딱히 정해진 답은 없다. 지금 단체의 소통대상들은 어디 있으며, 그들은 앞으로 어디에서 활동할 것인가? 소통대상이 이미 참여하여 편안하게 느끼는 (소셜 네트워크 내) 커뮤니티를 통해 그들과 접촉이 가능하다면 소셜 네트워크는 고려해볼 가치가 있다.

2008년 후반, '유대인 문화를 위한 재단'(Foundation for Jewish Culture), JTA(유대인 뉴스 에이전시), '이스라엘을 위한 유대인 에이전시'(Jewish Agency for Israel), '아메리칸 유대인 협동분배위원회'(American Jewish Joint Distribution Committee), 힐렐(Hillel) 등의 단체들이 연합해 '슈퍼 유대인'(Super Jews)이라는 온라인 소셜 네트워크를 만들었다. 단체 직원들끼리 구축한 페이스북 네트워크를 이용해 '슈퍼 유대인'은 커다란 도전과제를 만들었다. 8일 동안 진행되는 유대교 축제인 하누카(Hanukkah)가 바로 그 도전과제였다. 참가자들은 빨강, 녹색, 파랑 등 다양한 색의 팀에 소속되어 온라인으로 의견을 나누고, 동영상을 보고, 기부를 했다. 다수의 참가자들이 재미있고, 유대인다우며, 새로운 활동을 통해 뭔가를 얻는다는 기분을 느꼈다. 이 단체들은 젊은 사람들과 접촉하려고 노력을 기울였고, 젊은 유대인들 중 상당수가 페이스북 사용자였기에 '슈퍼 유대인' 방식이 완벽하게 통할 수 있었던 것이다.

사용자 생성 콘텐츠

점점 더 많은 사람들이 웹사이트를 통해 정보를 찾는 것뿐 아니라 의견을 게시하고, 리뷰를 쓰고, 다른 사람의 이야기를 들으며 자신만의 콘텐츠를 만들려는 경향이 강해지고 있다. 이미 많은 사람들이 아마존닷컴(Amazon.com)에서 이러한 사용자 생성 콘텐츠를 경험했다. 1990년대 중반부터 아마존닷컴을 이용하는 사람들은 책에 관해 리뷰를 쓰고, 별점을 주어 등급을 매겼다. 최근에는 누구나 로그인을 해서 포럼을 만들고, 식당이나 미용실, 서점 등에 관한 평가 글을 쓰고, 다른 사람의 글에 댓글을 남기는 옐프닷컴(www.yelp.com) 같은 웹사이트들도 많이 등장했다. 이 사이트의 활동 자체에는 영업적인 요소나 비즈니스적인 활동이 전혀 없다. 이런 사이트들은 주로 별도의 광고 게제를 통해 수익을 창출한다.

오늘날 비영리단체에서는 이 사용자 생성 콘텐츠에 관한 진지한 논의가 활발하게 일어나고 있으며 중요한 변화도 일고 있다. 이들 비영리단체들은 소통대상과 혼란을 야기하지 않고 쌍방향으로 소통하는 방법을 찾고 있다. 다른 소셜 미디어에서 게시판, 대화방, 포럼 등을 꾸준히 유지해온 단체들은 몇 년 동안 사용자 생성 콘텐츠 방식을 조율해오고 있으며, 콘텐츠에 부적절하거나, 해를 가하거나, 역행하는 사용자들이 있으면 신속하고 적절하게 대응하기 위해 발빠르게 노력하고 있다. 이제는 페이스북, 마이스페이스, 베보, 트위터, 블로그 등에도 이러한 채팅 커뮤니티가 존재한다.

일찌감치 사용자 생성 콘텐츠의 저력을 보여준 사례도 있다. 사회적 변화를 일으키기 위해 이야기의 힘을 사용하던 비영리단체 에픽 체인지(Epic Change)는 2008년 추수감사절에 탄자니아 아슈라 지역에 있는 학교에 교실을 만들기 위해 인기 있는 소셜 네트워크 수단인 트위터를 이용했고 48시간 만에 11,131달러를 모을 수 있었다. 비록 깜짝 놀랄 만한 액수는 아니지만 이 캠페인에는 창의력과 유대감이 있다. 이 캠페인은(www.tweetsgiving.org) 간단한 3단계에 참여할 사람들을 모은다. 첫 번째, 참여자들은 트위터를 이용해 본인의 삶에서 감사한 일을 팔로워들에게 전해야 한다. 두 번째, 액수와 상관없이 기부 요청을 받는다. 10달러가 모일 때마다 벽돌 한 개가 생기고 1,000개의 벽돌이 생기면 새로운 교실을 지을 수 있다. 어쩐지 친숙하게 들리는가? 모금 분야에서는 고전적인 방법이다. 에픽 체인지는 원할 경우 그들이 기부한 벽돌에 감사의 메시지를 넣어주기도 한다. 100달러 이상 기부한 사람에게는 '탑 터키'(Top Turkey)의 명예가 주어진다. 세 번째이자 마지막 단계는 공동체에 참여하는 방식의 일환으로 다른 사람의 추수감사절 트윗을 팔로우해야 한다. 트윗기빙(Tweetsgiving) 캠페인에 숨겨진 공식은 명확하다. 새로운 기술(트위터) + 관계 + 기부자 중심의 활동과 상품(감사한 것을 나누고, 벽돌을 구입하는) + 감사와 관련된 주제 = 성공.

베스 캔트너 등과 같은 비영리 소셜 미디어의 선각자들이 한 일은 단순히 자신들의 네트워크에서 일종의 전달하기 기능인 리트윗을 통해 트윗기빙의 성공을 도운 것만이 아니다. 이들은 트위터 모금의 독자적인 실험을 시도한 것이다. 에픽 체인지의 캠페인이나 다른 비슷한 캠페인은 전통적으로 느리고 개발 절차에 많은 비용이 드는 기존의 방식을 새롭게 바꾸고, 소셜 미디어와 관련된 새로운 개념을 도입하고 있다.

다른 단체들도 사람과 사람을 이어주고, 관심 있는 주제에 대해 지지를 얻기 위해 트위터와 같은 도구를 사용한다. 2009년 2월 26일, 비영리 신문인 〈필랜스로피 크로니클〉〔Chronicle of Philanthropy, 웨슬리 (Wasley), 2009년〕에서는 트윗티발(Twestival, 트위터와 페스티발의 합성어) 행사를 기사로 다루었다. 트윗티발 행사는 전 세계 200여 개 이상의 도시에서 실시되었고, 24시간 만에 25만 달러가 넘는 모금액을 조성했다.

변화가 일어날 것이다. 사용자 생성 콘텐츠는 명백히 존재한다. 단체 중심의 구식 모델에 집중할 것이 아니라 쌍방향 소통방식을 구축하는 것이 새로운 패러다임이다.

소셜 미디어 전담직원

비영리단체에서 새로운 온라인 수단을 사용하는 데 있어서 가장 큰 걸림돌은 익숙함이 아니라 시간이다. 페이스북 페이지나 트윗 피드 혹은 다른 온라인 커뮤니티에 단체의 페이지를 만드는 일은 쉽다. 정말 어려운 부분은 콘텐츠를 만드는 일과, 사람들의 이야기를 모니터하고, 대화에 참여하는 일이다.

본격적으로 소셜 미디어에 몰두하기 전에 단체의 운영자들이나 직원들은 매일 이 새로운 온라인 수단들을 책임지고 운영할 사람이 누구인지를 명확하게 해두어야 한다. 규모가 작은 단체에서는 개발이나 커뮤니케이션 관련 직원 혹은 이러한 도구를 잘 아는 사람이 책임지고 이 일을 맡는 것이 보통이다. 사용하는 도구에 따라, 커뮤니티 활동에 얼마나 적극적인지에 따라, 얼마나 확고하게 온라인으로 소통하고자 하는지에 따라, 이 새로운 소통경로를 관리하는 데 필요한 시간은 하루 30분에서 몇 시간 정도일 것이다.

주요 기부자들과 온라인으로 접촉하기

수십 년 동안 자선단체들은 온라인으로 모금을 해왔으며 대부분은 작은 액수의 모금에 치중되어 있었다. 하지만 2008년 초반, 온라인 기부금 모금 소프트웨어 개발회사인 칸비오(Convio)는 시 체인지 스트래티지스(Sea Change Strategies), 앳지 리서치(Edge Research)와 함께 "네트워크를 활용하는 부자들: 인터넷을 이용해 중간 수준 기부자와 주요 기부자들 만나기"(*The Wired Wealthy*: *Using the Internet to Connect with Your Middle and Major Donors*)라는 보고서를 발표했다(이 보고서는 my. convio. com/?elqPURLPage=I04에서 다운로드 받을 수 있다). 이 보고서는 거액 기부자와 중간 수준 기부자들의 온라인상의 행위와 선호도를 언급하며 비영리단체에서 아직 고려하지 않는 기회들을 다룬다. 또한 최근에는 거액 기부도 온라인으로 이루어지는 추세인데, 대부분의 단체들이 이를 인지하지 못해서 호기를 놓치고 있다고도 제언했다.

증거가 명백함에도 불구하고 기부자들이 온라인으로는 큰 액수의 기부를 하지 않을 것이며 25세 이상의 사람들은 소셜 미디어를 사용하지 않을 것이라고 믿는 비영리단체들이 많다. 70세가 넘은 내 어머니는 이 세상에서 가장 적극적으로 페이스북을 이용하는 사람은 아니지만 꽤 열심히 페이스북을 이용하고 있다. 여러분은 어떤가?

이메일 이용하기

2008년 여름, 공화당 대통령 후보 존 매케인(John McCain, 1936~)이 대통령 후보가 러닝메이트로 사라 페일린(Sarah Palin, 1964~)을 지명하고 얼마 되지 않아 이메일 한 통이 삽시간에 퍼져나갔다. 바이러스가 확산되듯 빠르게 퍼져나간 이 이메일은 익명의 개인이 만든 것이었다. 이는 페일린의 이름으로 미국 가족계획연맹(Planned Parenthood)에 기부하고 연맹에 페일린에게 그녀의 이름으로 이루어진 기부금 내역이 적힌 카드를 보내라고 요구하라는 내용을 담고 있었다(사례 6-1). 역설적이게도 이 이메일은 민주당과 이메일을 신속하게 퍼뜨린 진보주의자들에게는 별 효과가 없었으며 연맹에 필요한 기부금만 모을 수 있었다. 이 예기치 않은 이메일로 미국 가족계획연맹은 몇 달 안에 거의 100만 달러에 가까운 액수를 모을 수 있었다.

다른 단체들도 이렇게 성공한 방식을 따라 이메일 캠페인을 시작했으나 실제로 급속하게 확산된 이메일은 거의 없었다. 그렇게 되려면 이메일에 기발한 아이디어나 사람들이 타인과 공유하고 싶어할 만한

사례 6-1 2008년 미국 가족계획연맹에 100만 달러 가까운 모금액을 조성해준 이메일

제목 : 10달러를 위한 빛나는 아이디어

안녕하십니까?

여러분이 가족계획연맹에 관해 어떻게 생각하시는지 모르겠지만 이 아이디어는 매우 훌륭하다고 생각합니다. 저도 참여했고, 이에 크나큰 기쁨을 느꼈습니다. 간단하고, 빠르고, 저렴합니다. 하지만 결과는 창대합니다. 이 메일을 전달해주십시오 ….

모두에게 페일린이 얼마나 끔찍한 사람인지에 관한 이메일을 보내는 대신 가족계획연맹에 기부를 합시다. 사라 페일린의 이름으로 말이죠. 그녀의 이름으로 가족계획연맹에 기부를 하면, 연맹에서는 페일린에게 이 기부로 명예가 생겼음을 말해주는 카드를 보낼 겁니다. 다음은 가족계획연맹 웹사이트 주소입니다. secure.ga0.org/02/pp10000_inhonor

가족계획연맹에서 사라 페일린 명예카드를 보내려면 주소란을 채워야 합니다. 매케인 선거 캠페인 본부 주소를 알려드립니다.

매케인 선거 캠페인 본부
1235 S. Clark Street
1st Floor
Arlington, VA 22202

추신 : 위 주소를 이용하세요. 기부형식을 고를 때는 일반 '온라인 기부'를 선택하지 말고 '명예 기부' 혹은 '기념 기부'를 선택하세요.

내용이 들어 있어야 한다. 이런 이메일들은 보통 타인을 비난하거나 무례한 내용 혹은 노골적으로 공격적인 내용인 경우가 많다. 이러한 이메일들은 최근 일어난 사건이나 마감시한이 촉박한 일 등 시기적절하거나 매우 긴박한 일과 관련이 있는 경우가 많으며, 이 메시지를 왜 바로 '지금' 전달하는 것이 중요한지에 대한 이유도 설명한다.

이메일을 효과적으로 사용하는 단체들은 직접 보내는 우편물 프로그램의 연장 혹은 대체 프로그램으로 이메일을 이용한다. 2007년 근위축증 부모 프로젝트는 연말 모금 프로그램에 5부작으로 된 이메일 발송을 덧붙였고, 관련 배너 광고를 웹사이트에 게시했다. 이 단체는 이미 매년 추수감사절에 기존 기부자들에게 카드를 보내 약 15만 달러 가까운 금액을 성공적으로 모금해왔다. 그런데, 기존 후원자들에게 여러 가지 기분 좋아지는 행동(나의 기부사연을 커뮤니티에 공유하는 등), 기부, 친구에게 메일 전달하기 등을 요구하는 이메일을 추가로 보내 총 33만 달러를 모금하는 데 성공했다. 이메일과 배너 광고에 들어간 비용은 1만 5천 달러도 채 되지 않았다. 2008년, 근위축증 부모 프로젝트는 미국 경제가 몰락하는 상황 속에서도 이와 같은 접근방식으로 성공적인 결과를 얻었다.

근위축증 부모 프로젝트와 같은 단체들은 기부자들을 모으고, 기부를 요청하고, 그들에게 감사하고, 행사를 개최하는 등 구식 방식의 업무를 행동으로 옮기기를 촉진하는 문구와 디자인을 이용한 온라인 방식으로 대체하는 업무에 능숙하다. 실제로 한 가지 방식보다는 웹사이트, 이메일, 직접 우편물 등의 다양한 방식으로 접근할 때 소통대상은 이 단체를 일관성 있다고 느끼면서도 효과적 빈도▪로 경험할 수 있게 된다.

온라인 도구의 효과적인 이용

온라인 채널은 단체의 웹사이트나 이메일보다 훨씬 큰 개념이며 나날이 성장하고 있다. 이렇게 성장하는 온라인 경로를 무시하거나 이에 압도당하기보다는 실정을 파악하고 단체의 업무와 관련된 부분을 평가하기 용이한 절차들을 개발해야 한다. 다음은 이러한 과정에 착수하는 데 도움이 될 만한 몇 가지 제안들이다.

1. 먼저 단체의 웹사이트 평가로 시작하라. 웹사이트는 단체에 관해 어떤 말을 하는가? 웹사이트는 조직적 수준과 정체성 수준을 잘 반영하는가? 웹사이트에 최근의 소식이나 내용들이 들어 있는가? 대화를 제대로 유도하는가? 다른 온라인 도구나 소셜 미디어에 몰두하기 전에 웹사이트가 가장 중요한 첫걸음임을 명심해야 한다.

2. 소통대상이 가장 많이 사용하는 온라인 도구는 무엇이며 이들이 당신의 단체와 소통하는 데 사용하고 싶어 하는 도구는 무엇인지 파악해야 한다. 특히 소통대상이 이미 사용하는 소셜 미디어는 무

▪ 역주 — 특정한 메시지를 인지하고 반응하게 하기 위해 필요한 메시지 전달 횟수.

엇인가? 페이스북인가? 트위터인가? 링크드인인가? 이 부분은
이 장 초반에서 상세하게 살펴보았다.

3. 온라인 도구와 기술들을 더 많이 익혀야 한다. 특히 다른 단체에
서는 이런 온라인 수단들을 어떻게 사용하는지, 비용은 얼마나
드는지, 이를 유지하기 위해 어떻게 하는지를 잘 알고 있어야 한
다. 이러한 정보들은 대부분 온라인에서 찾을 수 있다. 어떻게
시작해야 할지 확신이 서지 않는다면 구글에 물어보라. "플리커
(flickr)란?"이라고 구글 검색창에 치면 사전 정의와 함께 위키피
디아 정의까지 보여줄 것이고, 플리커닷컴(flickr.com) 링크 주
소와 베스의 블로그나 플리커를 시작하는 데 배워야 할 것이 나
열된 사이트들이 첫 화면에 모두 나올 것이다. 젊은 직원들이 온
라인 도구들을 사용하는 방법을 알려줄 수도 있을 것이다. 또한
베스의 블로그처럼 온라인을 사용하는 데 필요한 정보가 있는 사
이트들은 세상이 어떻게 돌아가는지를 조망하게 해주고 온라인
도구들을 사용하는 방법에 관해 도움을 줄 것이다.

4. 소셜 미디어에 필요한 예산을 편성하고, 미디어 계정을 만들고, 운
영하는 데 도움이 될 만한 숙련가를 찾아라. 이러한 도구들을 사
용할 계획을 어떻게 짜느냐에 따라 새로운 직원을 고용할 수도
있고, 컨설턴트와 계약을 맺을 수도 있으며, 적절한 자원봉사자
를 구할 수도 있을 것이다. 이 일을 맡은 사람은 이러한 온라인
도구들을 제대로 운영하고 유지하려면 시간이 얼마나 드는지 파
악하는 데 도움을 줄 것이며 일상업무로 이 일을 맡길 만한 적임

자가 누구인지 찾는 데도 도움을 줄 것이다.

5. 새로운 온라인 활동에 필요한 시간 계획을 세우고, 업무를 상세히 기술한 직무기술서를 만들어라. 또한 커뮤니케이션 업무량에서 온라인 매체를 계획하고, 만들고, 자리 잡게 하고, 시험하고, 평가하는 데 필요한 시간이 얼마나 되는지 점검하라. 자신과 다른 사람을 위해 기대치와 마감시간을 현실적으로 정해야 한다. 그래야 다른 업무를 모두 하면서 온라인 업무도 할 수 있다. 일을 하다 보면 경험적 수준에 더한 온라인 수단들이 다른 수단들을 대신하지 않는다는 사실을 깨닫게 될 것이다.

6. 소통대상의 일정에 맞는 활동계획을 구상하라. 새로운 도구를 사용하기 전에 언제 자원이 빠듯한지, 언제 접근해야 사람들이 가장 수용적일지를 염두에 두라. 연하장을 보내고, 행사를 개최하고, 최근 프로그램에 관한 이메일을 보낼 때, 받는 사람들 입장에서는 그 시기가 새로운 무언가를 시작하기에 적당한 시기가 아닐 수도 있다.

인쇄물

비영리단체에서 가장 보편적으로 사용하는 인쇄물은 다음과 같다.

- 연차 보고서
- 브로슈어
- 소식지
- 직접 발송하는 우편물 혹은 기타 직접 제공하는 자료
- 편지지 등
- 접는 인쇄물, 언론자료
- 전단지, 엽서, 기타 인쇄물
- 포스터
- 간판과 현수막
- 모금 캠페인 자료들
- 행사초대장, 프로그램이나 기타 행사초청장

최근까지만 해도 비영리단체에서 인쇄물을 사용하지 않는다는 것은 상상도 할 수 없었다. 하지만 광대역 인터넷 덕택에 비용도 절감하고 유용성도 높일 수 있게 되면서 새로운 인터넷 방식에 감사하며 인쇄물 방식을 버리는 단체들이 점점 더 많아지고 있다. 이메일을 선호하는 사람들은 인쇄물 소식지를 그냥 버리는 경우가 많다. 환경에 대한 의식도 점차 높아지면서 대부분의 비영리단체에서는 불필요한 종이 낭

비를 하지 않는 추세이며 군이 필요할 때에는 재활용 종이나 콩기름 성분 잉크를 사용한다.

하지만 모든 인쇄물을 무시하기 전에 소통대상의 선호도와 서류 문서들의 활용기한을 고려해야 한다.

소통대상의 선호도

여러분의 기업, 재단 그리고 주요 후원자들은 종이에 인쇄된 연차 보고서를 받으리라고 기대하는가? 이미 동료들의 책상 위에 보고서가 있는가? 이 보고서를 직접 우편으로 발송하지 않고 이메일로 보낼 것인가? 현재 프로그램의 소통대상이 온라인을 이용하는가? 프로그램 A의 수혜자들에게 프로그램 B를 알려주는 가장 쉬운 방법은 무엇인가?

2008년, 퓨 인터넷 앤드 아메리칸 라이프 프로젝트(Pew Internet & American Life Project)의 보고서에 따르면 성인 미국인들 중 55%가 가정에서 고속 인터넷을 사용한다고 한다[호리건(Horrigan), 2008]. 하지만 모든 가구마다 컴퓨터가 갖추어져 있지는 않으며 모두 고속 인터넷을 사용하지도 않는다. 프로그램 수혜자들이 인터넷을 가끔 사용하거나 전혀 사용하지 않는 집단인 경우도 많다. 자선활동을 하는 기업이나 고액 기부자들 역시 인쇄물을 선호하는 경우가 많으며 다른 의사 결정자들과 자료를 나누어 보거나 검토하기 위해서 인쇄물을 선호하는 경우도 많다.

사람들에게 직접 알리는 데 두루 사용할 수 있는 방법이 필요하다면 인쇄물은 여전히 유용하다. 전체적인 내용이 담긴 브로슈어는 컨퍼런스나 거리 행사, 회의, 로비 비치용으로 사용될 수 있다.

직접 발송하는 우편물에 대한 응답률

수십 년 동안, 직접 우편물을 발송하는 방법은 수많은 비영리단체들에게 가장 기본적인 모금수단이었다. 성공적인 우편물 발송 프로그램은 새로운 기부자를 확보하고, 기존의 후원자들의 후원기간을 연장하게 만들고, 후원 이유를 상기시켜준다. 하지만 지난 몇 년 동안 새로운 흐름들이 생겨나면서 많은 비영리단체들이 직접 우편물을 발송하는 프로그램에 대해 다시 생각하게 되었다. 먼저, 우편물을 발송하는 단체들 중 다수의 단체가 응답률 감소를 경험하고 있다. 좋았던 응답률이 몇 년 동안 꾸준히 감소하고 있으며 내가 1990년대 비영리단체들의 우편물 발송 프로젝트를 시작했던 시기와 비교하면 절반밖에 되지 않는 수준까지 이르렀다. 많은 단체들이 직접 우편물을 발송하는 데드는 비용을 상쇄하려면 많은 양의 우편물을 보내고, 그 우편물은 평균보다 꽤 큰 크기여야 하며, 장기적인 기부자들을 확보해야 한다는 사실을 깨닫고 있다.

이렇게 응답률이 감소하게 된 이유는 무엇일까? 오랜 시간이 흐르면서 기부자가 우편물에 너무 익숙해져서일 수도 있고, 기부 접근방식에 변화가 생겨서일 수도 있다. 응답률 감소의 원인을 생각하지 않고 계속 우편물을 발송하는 것은 효과적인 우편물 발송 프로그램을 아직 만들지 못한 단체에게는 그다지 좋은 계획은 아니다.

이메일이나 다른 온라인 수단들을 이용한 통합적인 캠페인 역시 응답률 변화에 영향을 미친다. 온라인 기술과 세심한 기부자 자료가 있으면 소통대상에게 아주 저렴한 비용으로 개인 맞춤형 메시지를 보낼 수 있다.

하지만 모든 기부자들이 온라인 커뮤니케이션을 원하는 것은 아니다. 직접 우편물을 발송하는 방법은 여전히 효과가 있으며 널리 행해진다. 직접 우편물을 발송하는 방식을 버리기 전에 기부자를 기부로 연결할 수 있는 보다 입체적인 방법을 만들기 위해 이메일이나 소셜미디어 등과 같은 새로운 소통경로를 덧붙여 실험을 해봐야 한다.

활용기한

오프셋 인쇄비용에서 가장 큰 비중을 차지하는 것은 인쇄의 통일감을 주기 위해 판형을 프레스에 맞추는 작업인 '판 고르기'(makeready) 작업이다. 판 고르기 비용 때문에 출력을 더 많이 할수록 비용을 절감할 수 있다. 날짜가 찍히지 않은 인쇄물을 출력해 활용기한을 연장하면 프린트에 들어간 투자비용을 회수할 수도 있다. 단체의 재정 보고서나 최근 프로그램 결과 등은 끼워 넣는 방식을 이용할 수 있다.

단체에서 종이에 출력한 연차 보고서가 필요하다면 포켓폴더를 넣어 만드는 브로슈어도 고려해보라. 그리고 이 보고서를 연차 보고서라고 하지 말고 '성장 보고서'라고 부르도록 하라. 각 페이지마다 단체의 비전, 미션, 가치, 목표 등을 넣고 이 모든 것을 포괄하는 메시지를 넣어라. 변하지 않을 내용이나 변하지 않는 날짜 등도 넣어라. 단체장과 이사가 함께 쓴 글도 앞에 넣어라. 여기에는 단체가 공유하는 비전과 협동심을 보여준다. 이 모든 것들은 상대적으로 활용기한이 길어 몇 년 안에 금방 바뀌지 않을 것들이다.

이러한 내용을 담아 출력할 준비가 되면 PDF 형식으로 저장하여 DocStoc (www. docstoc. com), ISSUU (issuu. com), SCRIBD (www. scribd. com) 등과 같은 온라인 문서공유 사이트에 올린 후 단체 웹사이트에 게시하라.

브로슈어의 포켓에 지난해 단체가 성취한 것들, 최근의 재정상황, 직원들과 이사회 명부, 기타 책자를 받는 사람에게 최적화된 정보를 끼워 넣어라. 여기에 들어가는 모든 내용들은 상대적으로 활용기한이 짧다. 1년 안에 변할 사항들이다. 이를 출력해서 책자에 끼워 넣어두면 최신 정보들도 볼 수 있고 특정 수령인들에게 맞춰 최적화할 수도 있다.

현명한 기부 연합(Wise Giving Alliance, www. give. org) 은 미국 상거래개선협회(Better Business Bureau) 의 기금을 감시하는 단체이다. 이 단체의 승인을 받으려면 비영리단체들은 반드시 연차 보고서와 미션선언문, 작년 한 해 성과, 간사, 재정상태 등을 포함한 문서로 기준을 충족시켜야 한다. 이 문서는 누구나 요청하면 볼 수 있어야 한다. 하지만 반드시 출력해야 한다는 규정은 없다.

이런 방식을 이용할 때, 성장 보고서는 최소한 2년은 유지되어 사용할 수 있어야 하고 현명한 기부 연합의 기준을 충족해야 하며, 더욱 융통성 있는 수단이 되어야 한다.

친환경 인쇄

지속 가능하고 책임감 있는 모습을 보여주기 위해 노력하는 인쇄업체들이 점점 늘고 있다. 또한 점점 더 많은 종이업체들이 완전하게 혹은 부분적으로 재생지를 사용하고 있다. 불행히도 이러한 재생지들은 덜 친환경적인 종이보다 더 비싼 경우가 많다. 콩과 식물을 원료로 하는 잉크 역시 일반 화학 잉크보다 훨씬 친환경적인 선택이다. 이러한 잉크는 훨씬 더 생생한 컬러를 구현할 수 있고, 재활용이 용이하며, 장기적으로 더 경제적이다. 하지만 모든 프린터기에서 이 잉크를 지원하지는 않으며 건조되는 데도 더 오래 걸린다.

비용을 계산할 때에는 재생용지 한 장을 출력하는 데 드는 비용이 얼마인지를 물어보라. 인쇄업체에서 식물이나 콩을 원료로 한 잉크를 사용한다면 그 가격 역시 물어보라. 친환경 인쇄를 하는 데 추가되는 비용 때문에 재정이 더욱 어려워질 수도 있다. 하지만 단체의 가치와 더욱 긴밀하게 연관되는 일일 수도 있다.

직접대면

단체에서 직접 사람을 만나는 경우는 다음과 같다.

- 단체 사무실을 방문한 손님
- 프로그램에 참가하기 위해 찾아온 수혜자들
- 기부자, 그리고 행사를 취재하는 언론인
- 이사회, 직원, 수혜자, 그 외 단체를 직접 경험하였고 향후 자신의 동료, 친구 등에게 여러분의 기관에 대해 이야기할 사람들

사람들이 단체를 경험하는 물리적인 공간이 그들의 경험에 깊은 영향을 미칠 수 있다. 하지만 사무실이나 프로그램 공간을 만들 때 이러한 공간에서 만들어지는 분위기는 간과하는 경우가 많다. 또한 사람들이 여러분의 단체에 대해 입소문을 내면서 단체의 명성과 인지도가 높아질 수도 있다. 하지만 사람들이 방문하는 공간, 입소문, 소통대상들 사이에서의 단체의 명성 등은 간과되거나 과소평가되는 경우가 많다. 이러한 경우는 비용은 거의 들이지 않고도 조직적 수준에서 단체를 표현하고 신뢰를 강화할 좋은 기회가 될 수도 있다.

공간

혹시 어둡고, 우중충하고, 방치된 장소에서 일을 했거나 그런 장소를 방문했던 적이 있는가? 획일적인 느낌을 주는 교실이나 사무실, 프로그램 공간에 있어본 적은 있는가? 이러한 공간들은 밝고, 통풍이 잘 되며, 산뜻한 색으로 칠해진 곳과는 대조적이다. 건축가나 인테리어 디자이너들은 모두 '공간은 거주하는 사람들에게 깊은 영향을 미친다'는 전제를 기반으로 건축을 하고 디자인을 한다. 이런 공간을 위해 창의적인 부분에 투자를 하고 공을 들인다면 돈은 적게 들이더라도 수혜자와 기부자들이 단체에 대해 받게 될 인상이 크게 달라질 수 있다.

몇 년 전, 뉴욕 이민자들을 위한 작은 단체에서 자원봉사를 했던 적이 있다. 이민자들 대부분이 영어를 아예 못하거나, 기초적인 표현 정도만 겨우 하는 수준이었다. 이 단체는 허름한 건물 3층에서 프로그램을 개최했는데 로비에는 정작 엘리베이터가 어디 있는지, 사무실은 몇 층에 있는지 알려주는 아주 작은 이정표만 있었는데 그나마도 영어로 되어 있었다. 건물은 길을 잃고 헤매기 쉬운 구조였고 우중충한 인테리어는 단체에 대한 신뢰감마저 떨어뜨리는 분위기였다. 어느 날 단체의 이사가 자원봉사자 팀을 꾸려 로비와 정문을 새로 칠했다. 또한 단체 수혜자들이 사용하는 언어를 반영한 3가지 언어로 각종 표시를 크게 만들었다. 직원들은 단체 표시를 만들어 지역 문구점에서 코팅을 했다. 비용은 그다지 많이 들지 않았다. 며칠 지나지 않아 단체에는 사람들이 부쩍 늘어난 것 같았다. 수혜자들은 단체의 위치를 더

그림 6-1 자원 교환 공동체의 로비

쉽게 찾을 수 있었고 다른 사람들에게 추천하기도 한결 수월해졌다.

그림 6-1은 자원 교환 공동체(Community Resource Exchange, www. crenyc. org)의 로비 사진이다. 이 단체는 가난과 HIV, AIDS와 싸우는 지역 기반 단체들에게 전략적 충고와 기술적 지원을 제공하는 단체이다. 뉴욕에 있는 이 단체 사무실을 방문하는 사람들은 사무용 가구 대신 카페 테이블과 의자가 놓인 밝고 열린 공간을 만나게 된다. 밝은 색으로 칠해진 벽에는 '힘을 모아서'(*gathering strength*)라는 문구와 함께 단체에서 제공하는 서비스를 알려주는 문구들이 쓰여 있다. 이 공

간은 공동체 회의나 행사에 주로 사용된다. 이곳의 디자인은 단체의 개성을 빠르게 보여주어서 가볍게 방문한 사람이라도 단체에 대해 쉽게 알 수 있도록 되어 있다.

다음은 효과적인 소통을 위한 공간을 만드는 몇 가지 방법이다.

- 벽지와 카페트의 색상을 틀에 박힌 것들 대신 단체의 개성을 반영하며 단체의 시각적 정체성 색상표에 있는 색상으로 선택하라.
- 지금 전념하는 일을 보여주고 긍정적인 인상을 줄 수 있는 사진, 포스터, 그림, 안내판 등을 벽에 걸어두어라.
- 시각적 정체성을 유지하면서도 사람들이 화장실이나 회의실, 프로그램 장소 등을 쉽게 찾을 수 있도록 눈에 잘 띄는 이정표를 설치하라.
- 단체 참여를 고무하고 단체의 개성을 반영하는 편안한 가구를 선택하라. 예를 들어, 창의적이고 다방면에 관여하는 개성의 단체에서는 일반적인 가구들보다는 제각각 디자인된 의자와 테이블을 둘 수도 있다. 직접 손으로 칠하는 것도 방법이다. 검정, 회색, 베이지가 아닌 다른 색상의 가구들을 고르면 공간이 주는 느낌이 한결 나아질 수 있다.
- 공동으로 사용하는 공간에 미션선언문을 붙여두어라.
- 방문객들이 읽고 가져갈 수 있도록 인쇄된 단체 브로슈어를 비치해두어라.
- 손님들이 사용할 수 있는 컴퓨터를 두고, 단체의 홈페이지를 즐

겨찾기 해두어라.

- 친절하면서도 단체의 개성을 반영할 수 있도록 말을 잘하는 직원을 프런트에 두고, 단체 방문객들이 환대받고 도움을 받는다는 느낌을 가질 수 있도록 프런트 직원들을 훈련시켜라.

여러분의 단체는 소통대상 중심이라는 느낌을 주는 공간인가? 아니면 오직 경제성만 염두에 두고 디자인한 곳인가? 예를 들어 방문객들이 원하는 곳을 잘 찾도록 명확하게 디자인되어 있는가?

사람

효과적으로 소통을 할 수 있는 사람인지 아닌지를 파악하려면 다음 질문들을 고려해보라.

- 방문객이나 다른 이해 관계자들이 물어보면 이사회나 직원들은 단체에 관해 일관되게 설명하는가?
- 프런트 직원이나 안내원처럼 방문객이나 손님을 처음 맞는 위치에 있는 직원들은 맡은 직책에 관한 교육을 받는가? 단체의 개성을 잘 반영하고 단체의 모습을 제대로 대표하는가?
- 언론사가 전화를 하거나 위기상황이 발생했을 때 단체에 관해서 혹은 해당 문제에 관해서 공식적으로 이야기를 할 수 있는 직원과 쉽게 연락이 되는가?

이 질문에 그렇다고 대답할 수 있는 단체는 효과적으로 통합적인 훈련을 하고 있는 것이다(이 부분은 5장에서 자세히 살펴보았다). 약간의 시간투자와 사전준비만으로도 놀라운 결과를 만들 수 있다.

명성

커뮤니케이션은 다각도로 조절할 수 있지만 명성은 더욱 복잡한 변수들에 의해 만들어진다. 명성은 개인이 경험한 단체의 프로그램과 서비스, 행사, 혹은 입소문 등의 신뢰할 만한 경험을 반영한 것이다. 확실하건 불확실하건 사람들은 비영리단체를 언뜻 보고도 나름대로 어떤 인상을 받는다. 단체를 큰 혼란에 빠트린 스캔들을 일으킨 단체 이사에 관한 기사를 읽고 혹은 단순히 친구가 하는 말을 듣고 단체에 대해 막연한 인상을 품기도 한다.

현대사회에는 TV, 블로그와 같은 온라인 사이트 등 많은 미디어 채널들이 있다. 이러한 미디어들은 예전만큼 기부에 대한 의식을 고취하거나 기부금을 모으지 못하지만 여전히 명성에는 영향을 미친다. 사람들은 신문이나 방송 혹은 신뢰하는 블로그에서 단체에 관해 읽고, 듣고, 본 후 긍정적인, 혹은 부정적인 인상을 품는다. 미디어에서 긍정적인 보도를 접하면 보통 신뢰가 생긴다. 객관적인 제3자의 지지를 얻고 있다고 인식되기 때문이다.

언론에서 여러분의 단체에 대해 어떤 기사를 내보냈는지 잘 모르겠는가? 구글 알리미(www.google.com/alerts)를 이용해보라. 구글 알리미는 이름이나 키워드를 지정해두면 온라인에서 지정한 키워드가 언급될 때마다 이메일로 알려주어, 언론 기사에 단체가 언급될 때 바로 알 수 있게 해주는 서비스이다.

소통대상과 늘 긴밀한 관계를 유지하고 단체를 둘러싸고 어떤 말들이 오가는지를 파악하는 것은 단체의 명성을 모니터할 수 있는 중요한 방법이다. 단체의 명성이 추락하고 있다면 오해를 밝히고 대중의 인식을 바로 잡을 수 있는 핵심 메시지를 적극적으로 개발하는 방안을 고려하라.

방송

수십 년 동안 방송 커뮤니케이션이라는 말은 라디오나 TV 방송을 가리키는 의미였다. 하지만 현대사회에서 커뮤니케이션 채널은 휴대폰이나 PDA, 스마트폰 등과 같은 모바일 장치와 온라인으로 대대적으로 옮겨가면서 진화하고 있다. 2007년 대선에서 힐러리 클린턴과 버락 오바마가 각각 자신의 웹사이트 동영상을 통해 대통령 출마를 발표하면서 이러한 추세는 더욱 뚜렷해졌다. 현대사회에서 대중들은 단체에 관한 방송을 다음 경로를 통해 접하게 된다.

- 공익광고(PSA)를 보거나 TV, 행사 등을 통해 기타 광고를 보고
- 라디오에서 공익광고나 기타 광고를 듣고

- 단체의 팟캐스트(Podcast)를 듣거나 영상 팟캐스트를 보고
- 단체 대표의 발언, 프로그램 동영상 등을 웹사이트에서 보고
- 유튜브(You Tube), 비메오(Vimeo), 두구더TV(DoGooderTV, 비영리를 기반으로 유튜브의 대안으로 만든 동영상 사이트) 등에서 동영상을 보거나 기타 온라인 경로를 통해 영상을 보고

오랫동안 방송으로 커뮤니케이션을 할 수 있는 단체들은 지극히 소수에 불과했다. 광고비와 제작비도 비쌌고, 방송 프로젝트를 만들고 운영할 인력도 부족했기 때문이다.

1986년, 광고가 사람들의 행동을 바꿀 수 있을 정도로 막강하며 그런 힘이 있기에 사람들의 행동을 바꾸는 데 이용되어야 한다고 믿었던 몇몇 비영리단체 임원들이 광고를 통한 약물 불법소비 근절을 위해 미국 약물중독 예방단체(Partnership for a Drug-Free America)를 설립했다. 이 단체는 그레이 애드버타이징(Grey Advertising), DDB 시카고(DDB Chicago), 기타 주요 광고업체들이 약물에 대한 어린이들의 시각을 변화시키기 위해 무료로 제작하는 광고 캠페인에 의존하고 있다. 몇 년 동안 이들이 제작한 광고는 무료로 방송되거나 '국가마약통제정책국'(Office of National Drug Control Policy)을 통해 정부 지원을 받았다. 이후 약물의 불법 사용은 현저하게 감소했으며, 엑스터시, 코카인, 헤로인, 마리화나 등 광고에서 지목한 특정 약물들의 사용 역시 감소했다(미국 약물중독 예방단체, 2008년). 미국 공익광고협의회 같은 비영리단체들도 유사한 모델을 이용했다. 즉, 중요한 문제들을 대중

에게 인식시키기 위한 광고를 전문 광고업체들의 무료 제작지원을 받아 만들었다. 이런 협동 광고 중에는 매우 유명한 광고들도 더러 있다. 가령 1970년대 제작된 "미국을 아름답게"(Keep America Beautiful, www. kab. org) 같은 공익광고는 아메리카 원주민인 아이언 아이즈 코디(Iron Eyes Cody)가 넘쳐나는 도시 쓰레기를 보고 눈물 흘리는 광고로 시청자들의 뜨거운 호응을 불러 일으켰다.

광고 세계에 접근할 기회가 적거나 광고 경험이 적은 소규모 단체들은 보통 방송 광고에 투자하기를 꺼려왔지만 지금은 그렇지 않다. 저렴한 디지털 카메라나 MP3 형식의 음성녹음장비 등을 이용해 무료로 혹은 아주 저렴한 비용으로 광고를 제작하고 보급할 수 있게 되었다. 그 어느 때보다도 미디어를 이용해 이슈를 다룰 수 있는 기회가 늘어난 것이다.

미국동물애호협회(Humane Society of the United States)는 "불편한 진실: 식품으로 길러지는 동물들의 삶"(*Overlooked: The Lives of Animals Raised for Food*)이라는 짧은 동영상 한 편을 제작해 2008년 두구더TV 비디오 부문에서 수상을 했다. 이 동영상은 공장식 농장의 처참한 환경에서 사는 동물들의 참상을 보여주었다. 동물애호협회 웹사이트 (www. hsus. org)에는 단체 직원들과 동물 관련 문제, 공장식 농장의 환경 등의 문제에 관해 적극적인 활동을 하는 사람들이 제작한 영상, 사진, 기타 멀티미디어 콘텐츠들이 있다. 이러한 콘텐츠들은 이 단체의 웹사이트만이 아니라 유튜브, 두구더TV 등과 같은 곳에도 게시되어 있다. 또한 동물애호협회는 웹사이트에서 '승리'(Victories)라는 공간을 통해 단체의 업무를 성과로까지 연결하는 매우 인상적인 모습도 보여준다. 의심할 나위 없이 이 비영리단체는 네트워크상의 동물 권리 보호가를 핵심 온라인 소통대상으로 규정하고 있다.

활동가들뿐 아니라 단체들도 디지털 제품을 이용해 저렴한 비용으로 영상이나 홍보물을 제작한다. 이러한 전략은 매우 효과적일 수 있다. 전문적으로 보이지는 않지만, 진정성 있는 영상을 찍을 때 매우 효과적인 작품을 만들 수 있다. 이러한 풀뿌리 방식이 단체의 개성으로 규정될 때, 이러한 방식은 매우 효과적인 전략이 될 수 있다.

휴대폰

모바일액티브(Mobile Active)에서 2009년 발표한 바에 의하면 2008년 말까지 전 세계의 휴대폰 사용 인구는 약 35억 명이었다. 이는 컴퓨터를 이용해 인터넷을 사용하는 인구의 두 배가 넘는 수치이다. 2008년 휴대폰을 소유한 미국인들은 전체 미국인의 95%로 추산되었다〔월드뱅크 ICT(World Bank ICT), 2009년〕.

"인터넷을 꾸준하게 이용하지 않는 미국인들은 많지만 이들도 휴대폰은 사용합니다. 특히 소득이 낮고, 연령대가 낮고, 최근에 이민 온 사람일수록 휴대폰을 사용하는 경우가 더욱 많았습니다. 이들은 온라인보다는 휴대폰을 훨씬 더 많이 사용합니다." 사회 변화를 위한 휴대폰 사용 분야의 선두적인 컨설턴트 캐트린 베클라스(Katrin Verclas)는 이렇게 말한다. "사람들이 있는 곳으로 가고 싶은 운영자라면 단체 캠페인과 현장활동에 휴대폰 메시지를 활용하는 방법을 고려해보라." (캐트린 베클라스, "퍼스널 커뮤니케이션", 2009년) 어쩌면 가장 중요한 것은 휴대폰에 대한 애착 정도인지도 모른다. 수많은 사람들이 한시도 휴대폰을 손에서 놓지 않는다. 자동차에서, 직장에서, 집에서, 잠들기 전까지 침대에서.

이 세상 대부분 사람들이 휴대폰으로 연결되어 있다. 휴대폰으로 이야기를 나누고, 메시지를 보내고(SMS나 문자메시지), 동영상을 촬영하고, 사진을 찍고, 페이스북이나 마이스페이스를 이용한다. 미국의 비영리단체들이 2009년에 들어서야 커뮤니케이션에 휴대폰 사용의 비중을 얼마나 할지를 고민하기 시작한 반면 유럽이나 아프리카, 기타 국가에서는 이미 커뮤니케이션 전략에 휴대폰을 성공적으로 통합시켰다. 전 세계의 비영리단체들이 투표를 하는 데, 대중들에게 실시간으로 행사 소식을 전하는 데, 결핵과 싸우는 데, 안전, 환경, 기업정책 등에 관한 적절한 정보를 제공하는 데 휴대폰을 이용한다. 모바일액티브를 방문하면(www. mobileactive. org) 사회적 효과를 위해 휴대폰을 사용하는 사람들의 자발적인 모임과 단체들을 볼 수 있다.

2007년, 게이, 레즈비언, 양성애자, 트렌스젠더 등의 평등한 권리를 위해 일하는 인권캠페인(Human Rights Campaign, www. hrc. org)에서는 휴대폰에서 이용할 수 있는 '기업 평등지수'(*Corporate Equality Index*)를 내놓았다. 이 지수는 물건을 구매하기 위해 상점을 방문했을 때 게이나 레즈비언을 평등하게 대하는지 그렇지 않은지를 실시간으로 알 수 있도록 도움을 준다. 인권캠페인은 2002년부터 기업의 평등한 처우에 관한 고객들의 의견을 인쇄물과 온라인으로 제공해오고 있었지만 모바일 서비스를 시행함으로써 고객들이 가장 필요로 할 때 정보에 접근할 수 있도록 하는 역동적인 기능을 더했다. 사용자들은 "상점"(SHOP)이란 문자와 함께 상호명을 적어 짧은 코드 30644(이 코드는 전화번호 대신 입력하는 짧은 숫자이다)로 문자를 발송한다. 그러면 데이터베이스를 검색해 몇 초 안에 해당 사업장의 평등지수를 문자 메시지로 보내준다. 예를 들어 2009년 4월, "상점 타깃"(SHOP Target)이라고 문자를 보내면 "인권캠페인은 GLBT(게이, 레즈비언, 양성애자, 트렌스젠더의 약어)의 처우나 정책에 관한 해당 업체의 평등지수를 100% 만점으로 평가했습니다. 이 업체에서 물건을 구매해도 좋습니다"라는 문자를 받았다(흥미롭게도 타깃은 2008년 여름에는 지수가 80% 였다. 이 방법이 얼마나 영향력 있게 사용될 수 있는지를 보여주는 사례라 할 수 있다).

미국에서 휴대폰은 이제 막 하나의 소통경로로 부상하고 있기 때문에, 비영리단체가 휴대폰에 얼마나 깊숙이 관여할지는 아직 지켜보아야 한다. 또한 소통대상이 휴대폰을 통해 비영리단체와 소통을 하게 될 때 어떻게 반응할지도 불투명하다. 지금으로써는 프로그램이나 애드보커시 계획이 시간에 민감하게 영향을 받으며, 소통대상이 문자 메시지를 더 편하게 생각하는 단체라면 휴대폰은 더욱 효과적인 수단이 될 것이다.

휴대폰을 이용한 모금

휴대폰 모금은 다소 시기상조일 수도 있다. 미국에서 문자를 이용한 기부를 시행한 사례도 두 차례에 불과하고 그나마도 5달러 미만의 소액 기부라는 제한이 있었다. 공동모금회(United Way)는 미국에서 문자 기부의 선두주자이다. 이들은 2008년 슈퍼볼을 지켜보는 현장 관중들과 TV 시청자에게 공동모금회(짧은 코드 864833)에 "기부" 문자를 보내라는 TV 광고를 상영했다. 이 광고로 경기장의 관중들과 TV 시청자로부터 약 1만 달러의 문자 기부금을 모았다. 여기서 가장 중요한 점은 이러한 방식이 새로운 소통대상에게 접근해 불편하지 않게 기부를 이끌어내는 가장 쉬운 방법임을 보여주는 사례라는 사실이다.

미래의 휴대폰 시대를 대비하라

단체에서 휴대폰 캠페인 계획을 세우고 있건, 이미 실행하고 있건 간에 지금이 기부금 신청서식, 수취인 부담 반송우편, 기타 다른 경로를 통해 휴대전화 번호를 수집하기에 좋은 시점이다. 아직 사람들에게 문자나 전화를 할 준비가 되어 있지 않을 수도 있지만 일단 문자나 전화업무를 시작하게 되면 전화번호 목록을 만들어두었다는 사실을 매우 다행스레 여길 것이다. 이 작업이 긴장된다면 이메일 리스트를 떠올려라. 여러분의 단체는 초창기부터 이메일 주소를 확보하기 시작했는가? 단체의 자료에는 기부자, 회원, 수혜자 이메일 등이 많이 있는가? 대부분 단체들이 좀더 일찍 이메일 주소 목록을 가지고 시작했어야 한다고 생각할 것이다. 늦게 시작한 이들은 탄탄한 이메일 목록을 구축하느라 고군분투할 것이다.

요약

비영리단체들은 5가지 경로를 통해 커뮤니케이션을 한다. 이 5가지 경로는 온라인, 인쇄물, 직접대면, 방송, 휴대폰이다. 이러한 커뮤니케이션 수단들은 경험적 수준을 규정한다. 비영리단체에 대한 소통대상들의 경험에 의한 경로이기 때문이다.

대부분 비영리단체들은 경험적 수준에서 모든 경로들에 투자할 만한 충분한 예산을 확보하고 있지 않다. 따라서 소통대상 중심적이고 가장 크게 효과를 줄 수 있는 커뮤니케이션 경로와 수단들을 활용하는 것이 중요하다.

추세가 변하고 있다: 소셜 미디어, 문자 메시지, 다른 새로운 수단 등이 사람들의 소통방식을 급속하게 변화시키고 있다. 새로운 수단들은 단체에 기부자와 수혜자, 기타 소통대상과 혁신적인 방식으로 관계를 맺을 수 있는 기회를 제공한다.

휴대폰 번호 목록을 충분히 확보하지 못하였는가? 지금 바로 모으기 시작하라!

제7장

브랜드레이징
실천하기

조직적 수준에서 브랜드레이징을 시작하고, 정체성 수준을 유지하다가 마침내 경험적 수준에 도달하는 과정에는 시간이 꽤 걸린다. 이 과정을 시작부터 끝까지 다 밟아본 단체들은 대부분 처음 브랜드레이징을 시작해서 경험적 수준의 경로를 통해 새로운 정체성을 확립하기까지 최소한 일 년은 걸린다는 사실을 알게 된다.

더욱이 브랜드레이징이라고 하는 보다 큰 문제로 초점이 변하다보니 직원들은 일상업무로 하는 커뮤니케이션에 점차 싫증을 느끼게 되고, 커뮤니케이션 업무를 지속하고자 하는 의욕도 시들해진다. 단체의 시각적 정체성과 메시징 플랫폼이 완성되면 새로운 정체성을 즉시 모든 곳에 사용하고 싶다는 욕구가 생긴다. 비영리단체의 세계에서는 직원들의 업무시간과 예산에 늘 제약이 있기 때문에 하루아침에 단체의 커뮤니케이션 방법을 대대적으로 바꾸기란 거의 불가능하다. 이 장에서는 새로운 정체성을 어떻게 실행하고 정착시킬 것이며 장기적 커뮤니케이션 전략으로 브랜드레이징을 어떻게 지속할지를 살펴보도록 하겠다.

전부 다 할 수 없다면

오래되고 규모가 큰 단체는 조직적 수준에서 뚜렷한 변화를 만들고 브랜드레이징에 대한 동의를 얻는 것이 비현실적일 수도 있다. 더구나 오랫동안 사용하던 커뮤니케이션 방식과 새로운 방식이 브랜드 인지도 등의 측면에서 볼 때 차이가 없을 경우 대대적인 변화는 그다지 좋은 생각이 아니다. 물론 변화의 관점에서 보아도 그렇다. 이러한 이유들과 시간, 예산, 직원, 의욕 등이 실질적으로 제한된 현실 때문에 브랜드레이징을 부분적으로만 실행하는 단체가 대부분이다. 효과적인 커뮤니케이션의 원칙들 중 일부를 통합하기도 하고, 정체성을 개조하거나, 경험적 수준을 다듬는 정도로만 브랜드레이징을 하는 곳도 있을 것이다. 무엇을 변화시키고 무엇을 그대로 유지할 것인지를 결정하기 전에 조직적 수준, 정체성 수준, 경험적 수준에서 깊이 있게 성찰하는 것이 가장 바람직한 방법이다. 결정을 내리기 전에 각 수준에서 발생하는 요소들에 관해 발전적인 의견교환을 나누는 것이 이상적이다.

나는 오랜 경험을 통해 부분적으로라도 브랜드레이징을 하는 것이 아예 하지 않는 것보다는 낫다는 사실을 깨닫게 되었으며 사소한 변화도 매우 중요한 결과로 이어질 수 있다는 사실도 알게 되었다. 하지만 가장 중요한 변화는 가장 이루기 어려운 법이다. 변화에 대한 두려움이나 얼마나 많이 일을 해야 영향을 미칠 수 있을 것인지에 대한 걱정이 그 일을 할지 하지 않을지를 결정해서는 안 된다. 단체에 가장 이익이 되는 것이 무엇인지에 대한 정직한 평가가 있어야 한다.

비영리단체의 정체성 재정립하기

비영리단체들은 보통 아래 열거한 방식들 중 한 가지로 정체성 수준의 커뮤니케이션의 변화를 발표하거나 드러낸다.

- 일괄적인 변화 : 웹사이트, 편지지, 안내문 등과 같은 중요 요소들의 변경이 완료된 후 가시적 이벤트를 통해 새로운 정체성을 발표한다. 그때부터 새로운 웹사이트를 활성화하고 오래된 요소들은 모두 사용하지 않는다. 모든 커뮤니케이션 수단들이 이후 새로운 정체성을 사용한다. 이것은 정체성 커뮤니케이션의 세 가지 방식 중 직원들과 소통대상의 혼란을 최소화할 수 있는 방법이지만, 시작하기 전에 시간과 돈이 많이 소요된다.
- 단계적인 정립 : 예산에 따라 중요한 요소들을 업데이트한다. 1단

계는 웹사이트 업데이트가 될 수 있다. 2단계는 소셜 미디어 사용의 확장이나 다른 쌍방향 콘텐츠 등의 사용이 될 수 있다. 인쇄물 업데이트는 지연되거나 최소화될 수도 있다. 행사에서 새로운 정체성을 공개할 수도 있으며, 새로운 정체성을 적용할 때 비공식적으로 핵심 이해당사자들에게 전화나 이메일로 알릴 수도 있다. 오래된 방식들이 여전히 사용되고 새로운 방식이 도입되면서 두 정체성이 겹치는 과도기적 시기가 발생한다. 1년 이내에 모든 것이 업데이트가 되고 변화한다.

- **점진적인 정립** : 오래된 방식이 수명을 다하면 새로운 요소들을 개발한다. 웹사이트는 시간과 예산이 허락하는 만큼만 정비한다. 변화로 이행하는 시기가 길다보니 직원들이 좌절하기도 하고 소통대상들이 혼란스러워하기도 하지만, 적은 예산을 오랜 시간동안 늘려 사용하다보니 예산을 낭비하지 않는다.

어떤 방식으로 접근하는 것이 최선의 방법인지를 파악하기 위해 다음 질문들을 살펴보자.

- 올해와 다음 회계연도에 브랜드를 재정립하기 위해 직원들의 업무시간과 예산을 얼마나 할당할 수 있는가?
- 우리의 소통대상들, 특히 수혜자와 핵심 기부자들이 이러한 변화에 대해 어떻게 생각할 것인가? 이러한 변화를 어떤 방식으로 알려야 이들이 변화를 받아들이고 지지할 것인가?

- 실천 방안 중 일부로서 향후 18개월 동안 어떤 행사들을 열 수 있는가(예를 들어 단체의 창립 기념일, 새로운 프로그램 발표회, 연간 행사 등)?

단체에 새로운 정체성이 빨리 융화될수록 커뮤니케이션은 더욱 명확해진다. 일괄적인 변화 방식은 소통대상에게 가장 확신을 심어주고 혼란을 피하는 방법이다. 그러나 단계적 방식이나 점진적 방식이 일반적으로 행해진다. 왜냐하면 대부분의 단체들이 일괄적인 변화 방식에 필요한 만큼의 자원을 할당하지 못하기 때문이다.

웹사이트 업데이트와 정비

웹사이트를 업데이트해서 단체의 조직적 수준과 정체성 수준의 커뮤니케이션을 분명하게 반영하고, 소통대상 중심의 구조와 문구를 사용하는 것은 대부분 단체들에게 경험적 수준에서 생기는 가장 중요한 변화이다.

조직적 수준과 정체성 수준에서 웹사이트가 업데이트되거나 새로 만들어진 후에 생기는 큰 변화에 사람들은 종종 저항심을 갖는다. 단체의 직원들은 그보다는 웹사이트 외양이나 문구 수정 등을 선호하는 경우가 많다. 보통 이러한 '주름 성형'식 수정은 단체의 포지셔닝과 개성에 있어 충분히 효과적인 변화를 만들지 못하며 소통대상 중심의 관점에서 보았을 때도 그 효과가 별로 크지 않다. 브랜드레이징 과정에

서 웹사이트 설계방식이나, 핵심 분야, 콘텐츠 등을 다시 점검하는 것
이 매우 중요하다. 혁신적인 재구조화를 하려면 조직적, 정체성 수준
과 새로운 기술, 도구들(가령 소셜 미디어 같은)을 효과적으로 통합해
야 한다.

커뮤니케이션 계획 만들기

커뮤니케이션 계획은 정해진 기간 동안 새로운 정체성의 적용과 모든
외부적 커뮤니케이션 문제를 포함해야 한다. 커뮤니케이션 계획은 12
~18개월에 걸쳐 세우기를 권장한다. 그 외에도 전반적인 기술, 직원
들의 역량, 예산, 단체의 목표 등의 요소들은 예측하기에는 지나치게
가변적이다. 한 달에 한 번 정도 정기적으로 부서 회의나 운영진 회의
에서 커뮤니케이션 계획을 언급한다면 단체 구성원들과 지속적인 공
감대를 형성할 수도 있고 직원의 역량과 예산에 맞는 커뮤니케이션 목
표도 세울 수 있을 것이다.

　가장 이상적인 방법은 새로운 정체성을 이용해 어떻게 커뮤니케이
션 수단들을 업데이트하며, 어떻게 공개적으로 시작하고, 어떻게 이
후에도 지속적으로 사용할 것인지를 포함하는 계획을 간결하고 압축
적인 문서로 정리하는 것이다. 목표, 소통대상, 기타 조직적 수준의
요소들에 관해 상세하게 계획을 세우는 경우도 많지만 이렇게 세부적
인 계획에는 위험도 따른다. 계획이 너무 길어져서 관계자들이 제대
로 읽거나 적극적으로 이용하지 않을 위험이 있다. 계획에는 모든 사

람들이 공감대를 유지할 수 있는 요소들만 넣어라. 그래도 계획이 길어진다면 분야별로 나누는 것을 고려하라. 글자만을 나열하지 말고 항목 앞에 글머리 기호를 이용해 작성하라. 그러면 직원들이 필요한 부분을 찾느라 헤매지 않고 필요한 내용만을 언급할 수 있을 것이다.

유용한 커뮤니케이션 계획은 커뮤니케이션에 사용할 수단들(브로슈어, 소셜 미디어, 이메일)에 일정과 예산을 반영하여 단계적으로 수립되어야 한다. 어디에서 시작해야 할지 확신하지 못하겠다면 다음 질문들에 대답해보길 바란다.

- 향후 12~18개월 동안 접촉해야 할 가장 중요한 소통대상은 누구인가? 잠재기부자, 현재기부자, 잠재수혜자, 현재수혜자, 언론, 정책결정자 중 누구인가?
- 온라인, 방송, 직접대면, 인쇄물, 휴대폰 중에서 가장 소통대상 중심적인 커뮤니케이션 수단은 무엇인가?
- 어떤 커뮤니케이션 수단이 가장 장기적으로 지속될 것이며 이 수단들을 개발한다면 어떤 수단이 가장 투자한 만큼의 가치를 창출할 수 있는가?
- 이러한 수단들은 현명한 기부 연합, 채리티 네비게이터(Charity Navigator) 등과 같은 자선단체 감시기관들의 요구조건에 부합하는가?
- 현실적으로 경험적 수준의 커뮤니케이션을 만들고 유지할 수 있는 직원들의 역량은 얼마나 되는가?

• 아이디어가 어느 정도 윤곽을 갖추면, 예산과 마감기한, 각 분야를 책임질 부서를 할당하라.

계획의 세부적인 사항들을 단체의 공식적인 예산과 일정에 적용하기 전에, 직원들과 컨설턴트, 에이전시, 기타 예산과 마감시한이 각 수단들을 구현하는 데 실제로 필요한 비용과 시간인지를 평가하는 데 도움을 줄 수 있는 사람들과 함께 계획을 검토하면 도움이 된다. 예산을 지나치게 적게 책정했는데 더 늘릴 수 없는 상황이라면, 프로젝트를 보다 장기적으로 늘리는 방안도 고려해보라. 혹은 컨설턴트나 에이전시와 일하는 것보다는 프리랜서나 자원봉사자와 일하는 방법을 고려할 수도 있다.

일단 계획을 뒷받침해주는 운영진들과 현실적인 예산과 마감시한이 결정되면 반드시 필요한 경비를 정하거나 할당해야 한다. 기존의 예산에서 새로운 커뮤니케이션에 투자를 할 수 있는 단체도 있지만, 대부분의 단체들은 새로 발생한 지출을 위해 새로운 기금이나 기부를 찾는다.

끝으로, 계획을 소통대상 중심의 일정에 맞춰라. 이는 직원들이 각 소통대상이 받아들이는 커뮤니케이션의 유형과 양을 검토하는 데 도움이 된다. 표 7-1은 기부자라는 소통대상에 초점을 둔 일정표의 간단한 사례이다.

표 7-1 주요 소통대상이 접하게 될 소식은 무엇인가 :
소통대상 중심 일정표 부분 예

	주요 기부자(개인)	주요 기부기관	기타 기부
1월	E-뉴스	E-뉴스	E-뉴스
2월			밸런타인데이
3월	행사	행사	
4월	E-뉴스	E-뉴스	E-뉴스
5월	연차 보고서 발송	재단 토론회 행사 / 연차 보고서 발송	
6월	기부자 / 수혜자 소풍		캠프

재정립 이후의 브랜드레이징

단체는 오랜 시간을 두고 브랜드레이징에 시간과 비용, 노력을 투자해야 한다. 이익을 극대화하려면 브랜드레이징의 성과를 '작년에 했던 일'로 여길 것이 아니라 장기적 관점의 문화와 통합시켜가야 한다. 이 장에서는 정체성을 재정립한 이후 발생하는 문제들을 살펴보도록 하겠다. 또한 조직적 수준, 정체성 수준, 경험적 수준에서 효과적인 운영을 통해 브랜드레이징에 대한 투자가 지속적인 성과를 낼 수 있도록 하는 방법에 대해서도 살펴볼 것이다.

장애물과 변화에 대처하기

다음은 브랜드레이징에 어려움을 줄 수 있는 상황들이다.

- 새로운 이사회 구성원, 임원, 프런트 직원이나 안내직원 : 최소한 이들에게는 교육이 필요할 것이다. 경우에 따라서는 새로 온 사람들이 조직적 수준, 정체성 수준 혹은 경험적 수준의 변화를 원할 수도 있다.
- 비전, 미션, 목표, 가치에서의 중요한 변화 : 비전이나 미션, 목표, 가치 중 어느 하나라도 바뀔 경우 모든 수준의 브랜드레이징이 함의하는 의미에 대해 이사급 임원들은 회의를 해야 한다. 이러한 조직적 수준의 요소들은 지금껏 해온 모든 업무의 기본이기 때문이다. 이 요소들의 변화는 모든 프로그램에 영향을 미친다.
- 성공적으로 브랜드레이징 업무를 해내고 이를 정체성 수준과 경험적 수준에서 유지하는 데 도움이 된 직원들이 떠나는 경우 : 후임자를 찾거나 빠른 시간 내에 교육을 시키면 이 문제는 쉽게 극복할 수 있다.
- 장기적 관점에서 브랜드레이징을 의사결정 커뮤니케이션에 통합시키는 데 실패한 경우 : 직원들이 조직적 수준의 요소들을 참조하거나 스타일 지침서를 이용하는 것을 잊어버릴 수도 있다. 이사회 구성원들은 핵심 메시지에서 벗어날 수도 있다. 지도자가 이들이 다시 방향을 찾고 브랜드레이징 틀로 돌아오도록 하지 못하면 일

부 업무는 실패할 수 있다.

- 목표한 소통대상으로부터 부정적인 피드백을 얻는 경우 : 글씨가 너무 작다든지 하는 일부 기술적인 문제에 대한 피드백은 스타일 지침서를 업데이트하거나 경험적 수준에서 변화를 주어 쉽게 반영할 수 있다. 더 중요한 문제들은 정체성 수준을 개선하는 것을 정당화할 수도 있다. 부정적인 피드백을 얻는 경우는 주로 소통대상이 효과적으로 상담을 받지 못했을 때 생긴다.

이러한 장애물들은 사전 계획, 감시, 훈련 등을 통해 극복할 수 있다. 예를 들어 리더가 바뀌는 경우 새로운 리더가 내부 업무를 제대로 승계하도록 직원들이 사전 계획을 마련하거나 새로운 리더를 위한 오리엔테이션 자리를 마련해 브랜드레이징에 대한 논의를 할 수도 있다. 사람들이 새로운 정체성을 무시하거나 사용하지 않을 경우 직원회의나 이사회의에서 간략한 토론을 통해 단체에 도움이 되도록 일관성을 지키는 방법들을 상기시켜줄 수 있다. 새로운 정체성을 고의로 무시하거나 잘못 사용하는 경우에는 직원과 운영자들 간에, 또는 이사회 구성원과 이사회 위원장이 이 문제를 논의할 수 있다. 소통대상에게서 특정 메시징 플랫폼이나 시각적 정체성에 관한 부정적인 피드백을 지속적으로 받을 경우 직원들은 이 문제를 커뮤니케이션 담당이사와 논의하고(커뮤니케이션 담당이사가 없을 경우 커뮤니케이션 운영을 담당하는 책임자와 논의한다) 업데이트를 제안한다.

새로운 운영진이나 이사가 기존의 업무에 대해 완전하게 파악하지 못한 상태에서 변화를 원하는 경우도 있다. 브랜드레이징을 하는 비영리단체로서는 가장 어려운 장애물이자 가장 흔한 사례이다. 새로운 운영진이나 이사들에게 조직의 변화와 관련된 업무를 시작하기 전에 이 책과 단체의 스타일 지침서를 주어라. 만약 그들이 질문을 하거나 우려를 표하면 단체의 가장 막강한 브랜드레이징 애드보커시(직원, 이사 혹은 그 밖의 사람들)를 소개시켜주고 이 업무를 어떻게 해왔는지 그리고 왜 했는지를 알려주도록 하라. 애드보커시들은 더 깊은 성찰이나 토론 없이 변화하면 안 되는 사례를 미리 준비해두어야 한다. 만반의 준비가 되었다면, 새로 온 사람들이 쇄신 차원에서 원하는 변화를 먼저 언급하면서 기존 팀의 노련함을 보여줄 수도 있다. 이러한 방식을 이용하면 새로 온 리더에게 역동적이고 조직적인 팀이 이미 존재한다는 사실을 보여줄 수 있다는 장점이 있다.

비전, 미션, 목표, 가치 등의 중요한 변화에는 커뮤니케이션과 다른 분야의 중요한 변화도 수반된다. 이 요소들은 단체의 포지셔닝과 개성, 정체성 수준과 경험적 수준의 모든 것들을 규정하기 때문에 이 요소들이 변한다는 것은 브랜드레이징 업무를 전반적으로 다시 검토해야 한다는 의미이다. 비전과 미션에서 중요한 변화가 생기면 전면적인 수정이 필요하다. 컴퓨터를 리셋하거나 기존의 단체를 토대로 새로운 단체를 만드는 것과 같다. 직원 구조나 예산, 모금 제공자나 출처가 변할 수 있으며 마찬가지로 커뮤니케이션에도 조정이 필요할 것이다.

순진한 접근방식은 피하라

1989년, 영화 〈꿈의 구장〉(*Field of Dreams*)이 상영된 후 사람들은 "구장을 지으면, 그가 올 거야"라는 대사를 자주 인용했다. 케빈 코스트너가 연기한 주인공은 옥수수 밭으로 둘러싸인 구장에 선수들이 와서 빛내주길 바라면서 쓸모없는 땅 한복판에 야구장을 지었다. 구장을 지으면 그가 오리라는 대사는 오늘날에도 방황하는 젊은이들이 자주 언급한다. 나 역시 순진한 방식으로 브랜드레이징에 접근하는 단체를 언급할 때 이 대사를 자주 사용한다. '단체를 만들면, 기부자들이 올 거야'라고 막연히 생각하는 단체도 있다. 그래서 정체성을 재정립한 이후에 브랜드레이징에는 거의 노력을 기울이지 않는다. 불행하게도 이런 단체에는 아무도 오지 않는다. 재정립을 통한 효과를 보기 위해서는 브랜드레이징에 온 힘을 기울여야 한다.

직원 교육과 스타일 지침서 준비를 제대로 하였다면 브랜드레이징 이후에도 효과적인 커뮤니케이션을 확실히 하는 장기적인 방법을 확보한 셈이다. 하지만 이를 지지하고 시행하는 헌신적인 노력이 없으면 안 된다. 브랜드레이징을 하는 단체들은 대부분 커뮤니케이션을 감독할 사람을 지정하는 경우가 많다. 어떤 단체들은 심지어 조직적 수준과 정체성 수준의 요소들을 일관되게 사용할 것을 규정하는 정책에 직원들의 서명을 받기도 한다. 어떤 방법을 사용하든 중요한 것은 단체 구성원들의 동의와 실행이다.

브랜드 책임자 정하기

정체성 수준을 책임지고 운영할 사람을 정하는 것은 매우 중요한 첫 걸음이다. 이 책임자는 훈련 기간이 시작되기 전에 결정하는 것이 좋다. 어떤 단체에서는 이 책임자를 '브랜드 책임자' 혹은 '브랜드레이징 지도자'라고 부른다. 보통 브랜드레이징 책임자의 업무는 새로운 시각적 정체성과 메시징 플랫폼이 제대로 사용되도록 하는 것이다. 이 역할은 규모가 작은 단체에서는 최고관리자나 주요관리자가, 중간 규모의 단체에서는 자원개발 총괄자가(커뮤니케이션 부서가 없는 경우) 담당하며, 큰 규모의 비영리단체에서는 커뮤니케이션, 대외협력, 마케팅 부서 총괄자가 맡는다.

이 역할의 적임자는 브랜드레이징 과정에 참여했던 사람이다. 브랜드레이징 과정에 참여한 사람이어야만 어떤 업무를 행했었는지, 브랜드레이징의 성공을 위해 어떤 투자를 했는지를 알 수 있다. 또한 강하면서도 호감을 주는 성격의 인물도 적임자다. 이 역할을 효과적으로 수행하기 위해 책임자는 다음의 요건을 갖추어야 한다.

- 스타일 지침서에 규정된 정체성 수준을 정확하게 반영하지 않거나 전략적이지 못한 제작물의 제작을 승인하지 않을 수 있는 권위가 있어야 한다.
- 어떤 것이 왜 효과적이지 않은지를 설명할 수 있는 능력이 있어야 하며 효과적이지 않은 것을 수정해 그 일을 하는 사람이(보통은

직원, 프리랜서, 에이전시 대표) 더 큰 문제를 야기하지 않고 이해할 수 있도록 명확한 방향을 제시할 수 있는 능력 또한 갖추어야 한다.

- 리더에게 문제를 제기하고, 도전하고, 조직적 수준, 정체성 수준, 경험적 수준과 관련된 새로운 아이디어를 제안할 권한이 있는 사람이어야 한다.

이들이 책임져야 할 업무에는 다음 내용도 포함된다.

- 자료들이 단체의 스타일 지침서에 규정된 정체성 수준과 일치하는지를 확인하기 위해 직원들이 만든 자료를 검토한다.
- 신입 직원과 새 이사회 구성원을 위한 교육을 조직하고 촉진한다.
- 직원이 브랜드레이징을 준수하도록 관리한다. 유머와 품위가 있다면 더욱 이상적이다.
- 조직적 수준, 정체성 수준, 문체 지침, 경험적 수준에 재검토나 변화가 필요한 충분한 이유가 있으면 리더에게 알린다.
- 커뮤니케이션 계획을 짜고 이를 실행한다(혹은 실행하는 직원을 감독한다).

브랜드 책임자 역할을 하는 사람은 단체의 일상 커뮤니케이션과 장기적인 관점 사이의 간극을 메워야 한다. 그러려면 일 년에 한 번 혹은 두 번(필요하다면 더 자주) 브랜드레이징 문제를 임원회의 주제로 정해 논의한다. 임원들이 브랜드레이징 과정에서 수정해야 할 점이나 새로운 교육 혹은 다른 기준을 고려해야 한다고 생각할 경우 브랜드 책임자는 이사회 의제에 이 일정을 넣거나 다른 조직 활동에 포함시켜야 한다.

일관성을 통해 효과적 빈도 확보하기

1970년대 광고계에서 '효과적 빈도'(*effective frequency*)라는 말을 만들었다. 효과적 빈도는 어떤 제품이나 물건 등이 한 사람에게 깊숙이 각인되어 그것을 열망하기 전에 그것에 대해 반드시 보거나 들어야 하는 횟수를 의미한다. 가령 자동차를 사려는 사람이 있다고 치자. 그 사람은 자동차 판매점에 가서 시험운전을 해보기 전에 자동차 광고를 여러 번 접했을 것이다. 경험의 법칙(*rule of thumb*) ■에 의하면 미국인들이 실제로 어떤 제품에 관심을 기울이기 전에 그 제품 광고를 평균적으로 6회 정도는 보아야 한다고 한다. 하지만 요즘은 효과적 빈도를 결정하는 기준이 무엇인지 확실하지 않다. 요즘은 점점 더 많은 경로를 통해 소통을 하고, 점점 더 많은 정보를 거치기 때문이다. 논쟁의 여지는 있지만 비영리단체 메시지의 효과적 빈도는 그 어느 때보다도 높다.

효과적 빈도는 기업, 개인, 다른 비영리단체로부터 오는 수천 개의 메시지를 비켜가게 하는 개개인의 방어벽을 뚫기가 얼마나 어려운지

■ 역주—과학적인 방법보다 경험적 방법에서 얻은 수단이나 방침.

를 상기시켜주는 척도이다. 밤낮으로 똑같은 메시지를 매일 보내는 일은 직원에게는 매우 지루하지만, 메시지를 받는 사람들에게는 그렇지 않다. 메시지에 크게 관심을 두지 않기 때문이다.

커뮤니케이션 홍수를 뚫고 목표에 제대로 도달할 수 있는 열쇠는 바로 일관성이다. 매일 앉아 글을 쓰고 디자인을 할 때마다 똑같은 시각적 정체성과 메시징 플랫폼을 가지고 작업하는 것이 지루하고 싫증날 수 있겠지만, 이는 실제로 소통대상들이 단체로부터 일관된 메시지를 받을 수 있도록 해주는 가장 효율적이고 가장 시간을 절약해주는 방법이다. 대부분 직원들이 정체성 관련 요소들에 피로함을 느끼고, 지루해하고, 싫증을 낼 때가 바로 본격적으로 업무가 시작되는 시점이다.

불행하게도 단체의 정체성에 느끼는 싫증은 디자인이나 글과 같이 창의적인 업무의 향방을 크게 바꾸어놓을 수도 있다. 디자인이나 글쓰기 업무를 할 사람들을 면접 볼 때, 오랜 시간 동안 같은 요소를 가지고 일을 한다면 어떤 기분일 것 같은지, 어떻게 하면 신선한 감각과 창의적인 정서로 일을 할 수 있을지를 물어보라. 끊임없이 창작과 재창작을 추구하는 디자이너나 작가들은 단체의 브랜드레이징에 그다지 고무되지 않을지도 모른다.

브랜드레이징을 일상의 업무와 통합하기

이 책에서는 개성, 포지셔닝, 장기적 관점, 기타 추상적인 개념들을 다루는 데 상당 부분을 할애했다. 이 모든 요소들이 비영리단체의 소통에 깊은 영향을 미칠 수 있지만, 각 요소들을 어떻게 활용해야 하는지를 아는 직원들에 의해 일상적으로 활용되어야 한다.

포지셔닝과 개성을 견인요소로 이용하기

강한 미션이 단체의 모든 업무를 이끄는 역할을 한다면 개성과 포지셔닝은 전반적인 커뮤니케이션을 뒷받침한다. (개성과 포지셔닝에 관해 정확히 기억나지 않는다든지, 이들을 어떻게 개발하는지 모르겠다면 4장을 참조하길 바란다.) 다음은 포지셔닝과 개성을 효과적으로 일상의 커뮤니케이션 업무로 통합하는 몇 가지 방법들이다.

- 커뮤니케이션 업무를 하거나 검토하는 직원들(보통은 커뮤니케이션 부서 직원들 혹은 개발 부서 직원들)은 단체의 포지셔닝과 개성선언문을 책상에 붙여두고 커뮤니케이션 관련 글을 쓰거나 검토할 때 참조해야 한다.
- 커뮤니케이션 요소를 창작하거나 검토할 때 직원들은 끊임없이 질문해보아야 한다. "이 요소들이 우리의 포지셔닝을 전달하고 지지하는가? 이 디자인과 문구가 우리의 개성을 뒷받침하는가?"

커뮤니케이션에 전념하지 않는 직원에게는 포지셔닝과 개성이 이해하고 적용하기 어려운 개념일 수도 있다. 포지셔닝과 개성을 효과적으로 사용하고 실제 업무에 적용하려면 커뮤니케이션 전담직원들은 반드시 주도적으로 이 요소들을 업무에 적용하려 노력해야 한다.

정체성 수준의 일관성 유지하기

단체 내의 모든 사람들이 시각적 정체성과 메시징 플랫폼을 알고 끊임없이 사용해야 함에도 불구하고 단체의 시각적 정체성과 메시징 플랫폼(정체성 수준)은 커뮤니케이션 부서에만 국한된 업무라고 생각하는 경우가 많다. 일단 정체성이 확립되면 이러한 요소들은 보통 변하지 않는다. 실제로 스타일 지침서로 인해 얻을 수 있는 장점 중 하나는 정체성 수준이 무엇인지를 정확히 포착하고 직원들에게 커뮤니케이션이 엇나간 방향으로 흘러가고 있을 때 정확하게 바로잡아줄 수 있다는 것이다. 일상적으로 커뮤니케이션을 하는 사람들은 시각적 정체성과 메시징 플랫폼을 다음 전략들과 연관 지을 수 있다.

- 스타일 지침서를 늘 가까이 두고 온라인, 인쇄물, 직접대면, 휴대폰 등의 커뮤니케이션을 할 때 주기적으로 언급하라.
- 우리 정체성의 강점과 약점을 늘 파일로 정리해두고 이 내용들을 직원회의에서 주기적으로 논점으로 삼으라. 정체성의 강점과 약점에 관한 토론을 일 년에 한두 번 정도 하는 단체도 있으며, 이는

이 요소들을 늘 상기하는 가장 좋은 방법이다.

- 리더가 승인한 변화로 인해 조직적 수준이나 정체성 수준의 요소들에 어떠한 변화라도 생긴다면 스타일 지침서를 업데이트하라.

- 개인적으로든, 팀 차원으로든, 다른 직원들과 협동하라. 시각적 정체성과 메시징 플랫폼을 효과적으로 이해시키고 사용하도록 하기 위한 훈련을 통해서 협동하라.

최고의 경험적 수준 유지하기

일상적인 커뮤니케이션은 대부분 경험적 수준에서 일어난다. 웹사이트를 업데이트하고, 이메일을 보내고, 소식지를 쓰고, 행사를 개최하고, 브로슈어를 만드는 등의 업무는 모두 경험적 수준의 커뮤니케이션 업무이다. 이러한 소통경로가 효과적으로 브랜드레이징 원칙을 사용하는지를 확실히 하려면 직원들은 다음 내용을 점검해볼 수 있다.

- 모금액, 프로그램, 애드보커시 대상 등의 목표를 정확히 하고 커뮤니케이션 계획을 짜라. 계획은 정기적으로 검토해야 하며 각 부서별 회의와 운영진 회의에 보고되어야 한다. 계획서는 책꽂이에 가만히 꽂아만 둘 것이 아니라 필요할 때마다 업데이트를 하고 적극적으로 활용해야 한다.

- 계획이 예산과 현실적으로 맞는지를 명확히 하라. 커뮤니케이션 업무는 언제나 많다. 나는 아직 커뮤니케이션에 필요한 예산을 충

분히 확보하였다고 생각하는 비영리단체는 만나보지 못했다. 단체의 규모와 상관없이 말이다. 계획을 짤 때 예산을 가장 먼저 고려하고 그리고 가능한 범위 내에서 가장 많은 커뮤니케이션 효과를 낼 수 있는 방법을 결정하는 것이 목적 사업을 정한 다음 기금이 모자랄 경우 줄여가는 것보다 더욱 효과적이고 현실적인 경우가 많다.

- 돈뿐 아니라 직원들의 업무시간 예산도 세워라. 내부적으로 브랜드레이징 업무의 책임 소재를 명확하게 하고 브랜드레이징 업무에 시간을 정확히 할당하는 것은 매우 중요하다.

- 잠시 휴식시간을 가지고 장기적 관점에서 생각하라. 대부분 직원들이 그날, 그 주, 그 달에 마쳐야 하는 끝도 없는 업무에 시달린다. 개인적으로건 부서별로건 업무를 성찰해볼 시간을 가져라. 잠시 쉬는 동안 혹은 사무실 밖에서 점심을 먹는 동안 다음 질문들을 생각해보라.

1. 우리 단체에서 지금 혹은 내년이나 내후년 회계연도를 계획할 때 반드시 고려해야 하는 커뮤니케이션 도구나 흐름은 무엇이 있을까? 소셜 미디어, 휴대폰 캠페인, 현장활동 등 중에 무엇이 적합할까?

2. 사람들이 소셜 미디어를 이용하는가? 그들은 이메일로 무엇을 하는가? 그들의 웹사이트는 어떻게 운영되는가? 그들의 업무에서 무엇을 배울 수 있는가? 우리가 커뮤니케이션을 하는 방식에

서 반드시 고쳐야 할 부분은 무엇인가?

3. 최근 내부적으로 갖추고 있지 않지만, 있으면 가장 유용할 것 같은 커뮤니케이션 기술은 무엇인가? 현재 (글, 디자인, 웹 전략, 소셜 미디어 등) 커뮤니케이션 분야에서 단체의 능력을 향상시키기 위해 직원들이 참여할 수 있는 컨퍼런스나 워크숍이 있는가? 미래에 이러한 분야에서 일하는 직원들을 위해 계획을 세워두고 예산을 마련해야 하는가?

4. 우리의 커뮤니케이션 계획이 적절한가? 계획을 잘 사용하고 있는가? 더욱 유용하게 사용하기 위해 업데이트나 새로운 접근방식이 필요한가?

이러한 질문들은 단체가 미래를 대비하기 위한 예측과 계획을 세우는데 도움이 될 것이다. 잠시 일을 멈추고 이러한 내용들을 고려해본다면 일상적이고 수동적인 커뮤니케이션의 함정에 빠지지 않고, 미래를 대비하고 보다 생산적인 업무를 하는 데 도움이 될 것이다.

요약

단체의 새로운 정체성 혹은 업데이트된 정체성을 드러내는 데에는 3가지 방법이 있다. 일괄적 변경 방식, 단계적 방식, 점진적 방식이 그것이다.

웹사이트를 업데이트하거나 점검하는 업무는 정체성 수준의 변화에 따른 경험적 요소들의 변화를 정착시키는 데 있어서 가장 중요하다.

커뮤니케이션 계획을 수립하고 이에 대한 조직적 동의를 얻으면 새로운 정체성을 정착시키고 더욱 소통대상 중심적이고 장기적인 관점의 커뮤니케이션 방식으로 변화하는 데 도움이 될 수 있다.

새로운 정체성이 확립된 후 효과를 보기 위해서는 이를 일관되게 사용하는 것이 중요하다. 일관되게 새로운 정체성을 사용하려면 미래를 대비한 계획과 운영이 수반되어야 한다.

단체의 누군가를 브랜드 책임자로 지명하고 권한을 주는 일은 새로운 정체성의 일관된 사용을 보다 확실히 할 수 있다는 점에서 매우 중요하다.

브랜드레이징에서 발생할 난관들을 예측하고 정면으로 돌파하면 그 문제들이 미칠 부정적인 영향을 최소화하거나 없앨 수 있다.

일상적으로 커뮤니케이션 업무를 하는 사람들은 스타일 지침서를 가까이 두어야 한다. 가장 이상적인 방법은 잠잘 때도, 밥 먹을 때도, 숨 쉴 때도 단체의 포지셔닝과 개성, 시각적 정체성, 메시징 플랫폼을 익히고 사용하는 것이다.

일상적으로 커뮤니케이션 업무를 하는 사람들은 균형감을 유지하기 위해 주기적으로 틀에서 벗어나야 한다. 주기적으로 큰 문제들을 성찰하는 시간을 갖는다면 마지막 순간에 당황하는 일도, 효과 없는 커뮤니케이션을 하게 될 위험도 막을 수 있다.

결론

이 모든 브랜드레이징 원칙들을 실행하건 일부만 실행하건 중요한 것은 그 과정임을 깨닫길 바란다. 끝으로 여러분과 연락을 주고받을 수 있으면 좋겠다! 브랜드레이징 작업이 여러분의 단체에 어떤 영향을 미쳤는지 듣고 싶다. 이메일로 연락해도 좋고 홈페이지에서 대화를 나눠도 좋다.

이메일 Sarah@bigducknyc.com

홈페이지 www. bigducknyc. com/blog

감사의 글

남편 크레이그, 매일매일 고맙다고 해야 할 사람이다. 특히 글을 쓰고 업무를 하는 데 많은 도움을 주었다.

2007~2008년에 몸담았던 빅 덕의 모든 직원들도 이 책을 연구하고, 훌륭한 통찰력을 제공해주고, 브랜드레이징 접근방식을 다듬어주고, 업무시간 외에 이 책을 쓸 수 있도록 해주어 많은 도움이 되었다. 소니 무이, 케서린 시올토, 스콧 모이, 크리스틴 블레어, 마리아 코자인 모두에게 감사한다. 레베카 흄은 멋진 개념 모형(conceptual model)을 만들어주고, 개념 모형이라는 말의 의미도 알려주었다. 이 책에서 브랜드레이징의 개념을 설명하는 데 이를 활용할 수 있었다. 파라 트룸피터, 단 군더만, 리츠 브랜드우드 모두 귀중한 독자들이자 상담자들이었다. 캐스린 글라스는 멋진 제안을 해주고, 날카롭게 지켜봐주고, 의욕을 고취시켜준 훌륭한 친구이다. 복센바움은 글을 쓸 공간을 허락해주었고 훌륭한 차도 제공해주었다.

작가이자 광고인인 내 아버지는 책상에 앉아 "자, 쓰자. 젠장, 쓰자고!" 하는 말을 달고 사셨다. 그때 보았던 아버지의 모습은 이 글을 계속 쓸 수 있도록 나를 단련하는 훌륭한 자극제가 되었다. 힘겨운 오르막을 오를 때조차 큰 힘이 되었다. 내 아버지처럼 나 역시 민디 펩 더럼에게 큰 격려를 받고 도움을 얻을 수 있었다. 민디 펩 더럼은 내 영원한 뮤즈이자 지지자이다.

사회 활동가, 제작자, 시민단체 리더로 바쁜 날을 보내는 어머니에게도 감사한다. 어머니는 내가 어렸을 때부터 글쓰기의 중요성을 가르쳐주셨고, 이 책을 읽어주시며 내게 힘을 주셨다. 하워드 지프는 맹목적인 지지와 사랑으로 어머니와 내게 큰 도움을 주었다.

조시 배스 출판사 직원들 역시 나를 지지해주었으며, 현명하고 철두철미하게 전문적인 모습이었다.

끝으로 이 책에 사례로 들 수 있도록 너그러이 허락해준 모든 비영리단체들에게 진심으로 감사한다. 그들이 한 일 덕택에 영감을 얻을 수 있었다.

Convio, Sea Change Strategies, & Edge Research(2008), *The wired wealthy: Using the Internet to connect with your middle and major donors*, Retrieved June 6, 2009, from my. convio. com/?elqPURL Page=104.

Grace, K. S. (2003), *The nonprofit board's role in setting and advancing the mission*, Washington, DC: BoardSource.

Horrigan, J. (2008, July 2), *Home broadband 2008: Adoption stalls for low-income Americans even as many broadband users opt for premium services that give them more speed*, Retrieved July 2, 2009, from www. pew-internet. org/Reporrs/2008/Home-Broadband-2008. aspx.

Kazeniac, A. (2009, February 9), *Social networks: Facebook takes over top spot, Twitter climbs*, Retrieved May 18, 2009, from blog. compete. com/2009/02/09/facebook-myspace-twitter-social-network.

Li, C., & Bernoff, J. (2008), *Groundswell: Winning in a world transformed by social technologies*, Boston: Harvard Business School Press.

Lipton, M. (2003), *Guiding growth: How vision keeps companies on course*, Boston: Harvard Business School Press.

Loechner, J. (2008, April 28), *28 million mobile subscribers responded to at least one mobile ad*, Retrieved May 18, 2009, from www. mediapost. com/publications/?fa=Articles. showArticle&art_aid=79541.

Madden, M. (2006, April), *Internet penetration and impact*, Retrieved May 18,

2009, from www. pewinternet. org/Reports/2006/Internet-Penetration -and-Impact. aspx.

Mayer, E. (n. d.), *The culture of real virtuality: The integration of electronic communication, the end of the mass audience, and the rise of interactive networks* (Discussion and summary of a chapter of *The Network Society, Vol. I,* by Manual Castell), Retrieved May 18, 2009, from www. emay-zine. com/infoage/lectures/Culture_of_Real_Virtuality. htm.

MobileActive (2009), About MobileActive. org, Retrieved June 17, 2009, from mobileactive. org/about.

Partnership for a Drug-Free America (2008), *20 years of partering with families,* Retrieved June 6, 2009, from www. drugfree. org/General/ Articles/Article. aspx?id=cfd5a03I-7fcS-43C5-Sa22-9b36eddbf72a&lsPre viewMode=true&UVer=c659fbIa-3757-488a-8b8a-9d46c9ce4ba6.

Ries, A. , & Trout, J. (1980), *Positioning: The battle for your mind,* New York: McGraw-Hill.

Vargas, J. A. (2008, November 20), Obama raises half a billion online, *Washington Post,* Retrieved June 6, 2009, from voices. washington-post. com/44/2008/II/20/obama_raised_half_a_billion_on. html.

Wasley, P. (2009, February 26), A lesson in character development, *Chronicle of Philanthropy,* Retrieved June 6, 2009, from philanthropy. com/premium/articles/v2I/i09/09001301. htm.

World Bank ICT. (2009), *The Information Age (Table 5. II),* Retrieved June 16, 2009, from web. worldbank. org/WBSITE/EXTERNAL/DATASTATIS-TICS/o, , contentMDK: 20394827 menuPK: 1192714 pagePK: 64133150 piPK: 64133175 theSitePK: 239419 isCURL: Y, oo. html.

저자소개

사라 더럼(Sarah Durham)은 광고산업 속에서 나고 자란 뉴욕 토박이이다. 그녀는 허스트 퍼블리케이션(Hearst Publications), 프리스크립티브 화장품(Prescriptive cosmetics), 디즈니 컨슈머 프로덕트(Disney Consumer Products) 등에서 브랜드 관련 업무를 하며 사회생활을 시작했다. 1994년, 더럼은 뉴욕에서 커뮤니케이션업체인 빅 덕(Big Duck, www. bigducknyc. com)을 설립해 오직 비영리단체와 함께 일했다. 빅 덕은 비영리단체들에게 모금을 하고 현명한 커뮤니케이션을 통해 지명도를 높일 수 있도록 도움을 주는 곳으로, 빅 덕의 고객 명단에는 지역, 종교, 국가별로 다양한 규모의 비영리단체들이 있다. 사라의 리더십하에 빅 덕은 《약물 없이 키우기: 약물 중독을 방지하기 위한 부모 지침》(*Growing up Drug-Free: A Parent's Guide to Prevention*, 현재 2,800만 부를 발행했다)으로 대통령 디자인 성과 상(Presidential Design Achievement Award)을 수상했으며 통합적인 모금 캠페인을 위한 〈성공적인 모금〉(*Fundraising Success*) 지로 많은 상을 받았다.

2006년 사라는 〈성공적인 모금〉지가 선정한 '40세 미만의 최고 모금 전문가'로 뽑히기도 했다. 그녀는 비영리 관련 출판물에 글도 자주 쓰고 기고도 많이 한다. 현재는 비영리단체 운영을 위한 후원센터(Support Center for Nonprofit Management)에서 자원봉사로 사람들을 교육하고 있으며 모금전문가협회(Association of Fundraising Professionals) 컨퍼런스에도 자주 참석한다.

사라는 과격한 브루클린 사람이다. 쌍둥이 딸의 자랑스러운 어머니이자 폭스바겐 버스의 자랑스러운 소유주이다. 비영리단체 커뮤니케이션에 관한 트윗도 활발하게 한다. 사라의 트위터 주소는 @BigDuckSarah이며 블로그 주소는 bigducknyc.com/blog이다. 《브랜드레이징》은 사라의 첫 책이다.